投资指南系列

境内外投资
热点问答

赵清　张龙◎主编

中国金融出版社

责任编辑：亓　霞
责任校对：张志文
责任印制：陈晓川

图书在版编目(CIP)数据

境内外投资热点问答 (Jingneiwai Touzi Redian Wenda) / 赵清，张龙主编. — 北京: 中国金融出版社，2018.5

ISBN 978-7-5049-9377-9

Ⅰ.① 境…　Ⅱ.① 赵…　② 张…　Ⅲ.① 投资 — 问题解答　Ⅳ.①F830.59-44

中国版本图书馆CIP数据核字 (2018) 第020187号

出版
发行　中国金融出版社

社址　北京市丰台区益泽路2号
市场开发部　(010) 63266347，63805472，63439533 (传真)
网 上 书 店　http://www.chinafph.com
　　　　　　(010) 63286832，63365686 (传真)
读者服务部　(010) 66070833，62568380
邮编　100071
经销　新华书店
印刷　北京市松源印刷有限公司
尺寸　143毫米×210毫米
印张　9.375
字数　220千
版次　2018年5月第1版
印次　2018年5月第1次印刷
定价　48.00元
ISBN 978-7-5049-9377-9

如出现印装错误本社负责调换　联系电话(010) 63263947

本书编委会

主　　编：赵　清　张　龙

副主编：毕　波　冯　佳　胡蓓卿

编　　委：刘宝丽　马　卓　段　博　李　雪

　　　　　刘　艳　张倩华　唐梓轩　肖家凤

　　　　　姜　竹　唐佳俐　贺诗萌　郭锦芝

　　　　　陈俊明　彭丽娟

序言

赵清女士是我的师姐，也是北京航空航天大学北京校友会常务副会长兼秘书长。她在北航学的是发动机专业。在30多年前，北航的女生屈指可数，一些班甚至被称为"和尚班"。在这种情况下，要学好专业最难的发动机，并且使用的是英文教材，对仅有的几位女学生来说，不啻是巨大的挑战。

好在重庆妹子赵清从来都是不服输的性格。靠着顽强的自律，以及不耻下问的精神，她最终在发动机系坚持下来并脱颖而出。她的毕业论文《一个预测航空发动机喷流噪声的半理论、半经验模型及计算结果》竟然斩获了北航的校级优秀奖。

毕业后，赵清女士改行并尝试为外资企业投资中国搭建桥梁。要搭建这样的桥梁，必须拥有精深且广博的金融、法律、商务、政府监管乃至外交方面的知识。对普通人而言，要集以上知识之大全，太过困难。然而对学发动机出身、仅最难的力学就学过好多门的赵清来说，简直是探囊取物、如履平地。新知识、新专业，只要进入她的兴趣范围，她就会拥有无比强劲的学习动力。

自20世纪90年代赵清女士和合伙人张龙先生共同创办北京美森信息咨询有限公司开始，随着时间的悄然流逝，美森公司展现的专业能力，在业界越来越引人瞩目。当前，无论是国人想投资或配置海外资产，还是外国人欣然欲进入中国；无论是中资想在海外设立VIE结构，还是企业去境外上市，美森公司都能在符合各国法律法规的框架之内，最大限度地为客户提供满意的服务。

如今的美森，依靠创始人赵清女士和张龙先生的大力拓展，帮助众多外资、中资金融机构，著名企业进行国内和国外业务的完美整合，并为他们一路保驾护航。

赵清女士频频受邀为顶级投资银行、律师事务所和金融机构的座上宾。侃侃而谈间，赵清女士将她清晰的逻辑、精深的专业、无缝的跨界才能如水银泻地般倾洒给听众。听者如醍醐灌顶，受用无穷，啧啧称赞不绝于耳。此时的赵清，也给北航的理工科女生们挣足了范儿。

本书绝对是一本跨资本、法律、企业、金融、监管和境内外操作各种专业知识的实操指南。对很多只拥有单一维度专业能力的读者来说，细读本书，慢慢琢磨后再融会贯通，将大有裨益。世界变化是如此迅速，地球正变得如此之小，不懂跨界，今后将没有未来。在跨界的年代，能跨得深、跨得准、跨得稳，当然是最了不起的。

寥寥数语，郑重荐书。

黄瑞勇

北京航空航天大学校友总会副秘书长

北航金融俱乐部创始人暨理事长

前言

从业 19 年来，作为美森咨询集团创始合伙人，在项目服务中，我多次被投资公司、律师事务所、客户、政府招商局等机构问及一个问题："美森公司是做什么的？"我们既不是一家律师事务所，也不是一家会计师事务所，投资咨询是一个非常大的概念。美森公司到底提供什么服务？这是一个有关市场服务定位的问题。

美森咨询集团创立于 1999 年，是一家专业提供外国投资者投资中国，以及中国境内企业境外投资、融资及上市的法律和财税方案设计、法律财税构架设计、投融资法律专题咨询、投融资法律专题培训、企业日常法律和财税合规健康管理、投融资项目落地法律和财税服务的公司，辅导多家境内企业在境内外挂牌上市。

美森公司创始之初有两名合伙人——张龙先生和我。张龙先生是首都体育学院体育系毕业生，我是北京航空航天大学飞机发动机系理工科毕业生，家庭教育、学校教育和自我勤勉决定了我们的思维模式和行事风格。

我们进入投资咨询这一行业是一个偶然的机会，这离不开我国经济发展的大势和机遇。20 世纪 90 年代初期，我国正值经济发展的昌盛时期，大量的外国投资者涌入中国投资，寻找资本增值的各种机会，从最早为外国投资者提供他们关注的外资企业落户中国的相关法律法规、选址推荐、税收政策、人员用工成本计算、政府审批申报文件起草并获得审批等一系列投资落地方案设计及实施的服务中，我们发现：一端是客户的商业需求，另一端是国家各行政机关对于同一个商业需求的横向（不同监管部门）及纵向（不同时期）监管要求，客户需要的是一个既能最大限度满足其投资商业需求，又能符合国家法律法规监管要求，而且确实能落地的实施方案，这是一个巨大的服务市场。如果以三维坐标来说明，那么 X 坐标代表客户商业需求，Y 坐标代表不同政府监管机构，Z 坐标是不同时期监管政策，一个最佳的投资落地方案设计及实施，就是要基于 X、Y、Z 坐标的合集制定。

从此我们开始了美森咨询集团专一的市场定位和产品设计服务，这一干就是 19 年。其实，世界上很多道理非常朴实简单，两万小时定律是一定能出成效的，在一个行业用心深耕就是专业。

根据宏观或微观经济调控的需要，不同经济发展时期，不同地域的法律法规规定和监管窗口指导意见是有一定区别的；而同一政策在不同地区监管细则也是有区别的。我们忽然发现为客户设计投资落地方案和搞科研没有区别，每当为客户解决一个又一个难题，成就感油然而生。

在美森咨询集团一路走来的 19 年中，感谢与我们合作的各级政府招商机构、境内外投资公司、券商、投行、保险公司、律师事务所、会计师事务所、企业、友商等机构的信任和支持，是你们成就了今天的美森。

在这个飞速发展的知识分享时代，我们策划出版了这本《境内外投资热点问答》。书中的内容都是我们在平时工作中最容易被关注和咨询的地方，我们衷心希望把我们在服务全国各地企业的丰富翔实案例和实操经验总结并分享给那些关注这些内容的客户群。该书采用了简单、明快的问答方式，希望读者可以通过图书目录迅速查找其关注的内容，利用碎片化时间了解在境内外投资中的热点问题。

一滴水虽小，解渴就好；一句话虽短，解惑即可。小即大，足矣。

赵清

美森咨询集团创始合伙人

2018 年 3 月 28 日于北京

索引说明

1. 内资企业

阐述了内资企业各种企业类型在设立、变更、注销、年检过程中的易错点、特点需要提醒的事项。

2. 外商投资企业

解析了外商投资企业在设立、变更、注册、年检及运营过程中注意要点及实操详情。

3. 外国（地区）企业常驻代表机构

详尽解读了外国（地区）企业常驻代表机构日常运营过程中的要点提示。

4. 股权出质

解析办理股权出质登记中常遇到的问题。

5. 外债

解析外债登记、展期、注销的常见问题。

6. 跨境担保

解析内保外贷与外保内贷的登记常见问题。

7. 境内居民个人境外投资

阐述了外汇管理局对于境内居民个人境外投资外汇登记实操经验。

8. 境内居民参与境外未上市 / 上市公司股权激励计划

阐述了境内居民参与境外公司股权激励计划登记方式、注意事项。

9. 境内企业境外投资

解析 2016 年 12 月境外投资加强真实性审核前后的备案 / 核准要点。

10. 私募基金管理人登记及产品备案

阐述了私募证券投资基金登记、变更、定期更新及注销事项。

11. 行业许可

阐述了增值电信业务经营许可证、食品经营许可证以及建设项目环境影响评价报告的审批要求。

12. 知识产权及政府扶持资金

阐述了商标、高新技术产业以及政府扶持基金认定流程、审批要求。

13. 海外在岸公司

阐述了海外在岸公司的注册、变更、年检、注销、财税及资质申请等相关事宜。

14. 海外离岸公司

阐述了海外离岸公司的注册、变更、年检及资质申请等相关事宜。

目录

4. 股权出质

5. 外债

9.　境内企业境外投资

11. 行业许可

13. 海外在岸公司

13.1 中国香港   215

1. 内资企业

1.1 内资有限责任公司

◎ 设立

1.→ 如何合理确定公司注册资本数额及认缴期限？

答： 2014年3月1日起，公司注册资本登记制度改革正式施行，实缴登记制变为认缴登记制。除法律、行政法规以及国务院决定有规定的外，取消了对公司最低注册资本限额的要求。股东（发起人）可以自主约定认缴金额、出资比例、出资方式和出资期限。

2.→ 什么组织或个人不能成为企业的投资人/股东？

答： 根据法律法规及相关规定，以下组织和个人不能成为企业的投资人或股东：

（1）各级党政机关（含政法机关）、军队、武警部队。

（2）各级党政机关所属事业单位，除非其属于以下性质：

党政机关所属的事业单位属于新闻、出版、科研、设计、医院、院校、图书馆、博物馆、公园、影剧院、演出团体类性质的，或本市各区县所设乡镇集体资产运营中心可以成为企业投资者。国务院各委办所属机关后勤服务中心可作为本系统提供相关后勤服务类企业的投资者，但其所办企业不得再投资兴办企业。

（3）党政机关（含政法机关）主办的社会团体，除非符合以下情形：

市或区县社团管理部门登记的社会团体，经市民政局出具非党政机关主办证明的；国务院社团管理部门登记的社会团体，设立时出资人为会员的，可以作为企业投资者。不能提供社会团体设立时出资人性质材料的，该社团章程中明确规定资金来源包含会员提供的，可以作为企业投资者。

（4）法律、法规禁止从事营利性活动的人（如公务员、现役军人等）。

（5）律师事务所。

（6）法律、行政法规规定的其他情形。

3. → 关于一人有限责任公司的股东有何特殊要求？

答：《中华人民共和国公司法》规定："一人有限责任公司，是指只有一个自然人股东或者一个法人股东的有限责任公司"。合伙企业、个人独资企业不是法人企业股东，因此不能成为一人有限公司股东。另外，《中华人民共和国公司法》规定："一个自然人只能投资设立一个一人有限责任公司。该一人有限责任公司不能投资设立新的一人有限责任公司"。

4. → 因出境注销户口的中国公民是否可以提交护照作为身份证明成为企业股东？

答：《中华人民共和国身份证条例》第十一条规定："公民出境按照规定需要注销户口的，在办理注销户口手续时，交回居民身份证"。此类已交回居民身份证但未变更国籍的中国公民申请成为企业股东的，由户籍所在地公安机关出具居民身份证已收回的证明后，可以提交中国护照作为境内自然人的身份证明。

关于未满18周岁的中国自然人作为股东的温馨提示

未满18周岁的中国自然人可以担任内资有限公司的股东，必须提供由中国境内公证机构出具的其合法监护人的身份证明，以及其合法监护人与该未满18周岁的中国自然人存在监护关系的公证文件，方可办理登记注册。

5. → 关于内资有限责任公司法定代表人、董事、监事、经理等高管人员的任职资格有何限制？

答：《中华人民共和国公司法》第一百四十六条对于公司高级管理人员的任职资格有以下规定："有下列情形之一的，不得担任公司的董事、监事、高级管理人员：（一）无民事行为能力或者限制民事行为能力；（二）因贪污、贿赂、侵占财产、挪用财产或者破坏社会主义市场经济秩序，被判处刑罚，执行期满未逾五年，或者因犯罪被剥夺政治权利，执行期满未逾五年；（三）担任破产清算的公司、企业的董事或者厂长、经理，对该公司、企业的破产负有个人责任的，自该公司、企业破产清算完结之日起未逾三年；（四）担任因违法被吊销营业执照、责令关闭的公司、企业的法定代表人，并负有个人责任的，自该公司、企业被吊销营业执照之日起未逾三年；（五）个人所负数额较大的债务到期未清偿。公司违反前款规定选举、委派董事、监事或者聘任高级管理人员的，该选举、委派或者聘任无效。董事、监事、高级管理人员在任职期间出现本条第一款所列情形的，公司应当解除其职务"。

另外，被锁入企业信用信息系统"警示信息"的人员，在锁入期间不能担任法定代表人、董事、监事、经理。

关于北京市中关村西区登记注册企业的特别提醒

2009年7月20日，北京市海淀区政府经与市发展改革委、市科委、市规划委、市住房和城乡建设委、市国税局、市地税局、市工商局、市商务委、中关村管委会等部门研究决定，签发了《关于加快推进中关村西区业态调整的通告》（海行规发〔2009〕23号），规定：中关村西区四至范围为：东起中关村大街，西至苏州街，北起北四环路，南至海淀南路。规划占地95公顷，公共建筑（写字楼）规模约250万平方米。

凡是选择登记住所在中关村西区的企业在名称预先核准后，需要先行填写《入驻中关村西区申请表》和《入驻中关村西区项目（企业）经营内容承诺书》，如果在三个工作日内获得中关村科技园区海淀园管委会《入驻中关村西区项目（企业）意见书》后，方能返回工商部门办理登记注册手续。

6.→ 选择内资有限责任公司住所（经营场所）时应注意哪些问题？

答：企业住所（经营场所）的地址应当符合法律法规要求及所在城市有关规定，以北京为例。该住所必须拥有房屋所有权证，而且房屋所有权证记载的房屋用途与企业从事的经营活动一致，也即"权属明确，用途一致"。因此，住宅不能作为企业住所。

（1）房产证记载用途如果为"工业、教育、医疗卫生、其他（涉外、宗教、监狱）"，可由产权人出具确有配套服务需求的说明。

（2）如果房屋的规划批准材料于2009年10月1日前取得，且房产证记载用途为"交通、仓储、商业、金融、信息、科研、文化、娱乐、体育、办公、综合"的，可直接办理登记注册。

（3）如果选择的房屋不在上述之列，但属于下列情形之一的，可根据要求提交证明文件。

①房屋位于农村地区且暂未取得房产证的,可提交《乡村规划建设许可证》或《临时乡村规划建设许可证》复印件并加盖单位公章,也可提交乡镇政府出具的证明文件。

②房屋属于中央单位的,提交中央各直属机构的房屋管理部门出具的证明文件。

③房屋属于国务院各部委的,提交国务院机关事务管理局出具的证明文件。

④房屋属于国务院国资委监管的中央企业的,提交企业出具的证明文件。

⑤房屋属于市级以上各类园区内的,提交园区管理部门出具的证明文件。

⑥房屋属于市国资委监管的国有企事业单位,利用工业、仓储等用途的房产从事商业等其他用途的,提交市国资委出具的证明文件。

⑦房屋属于铁路系统的,提交北京铁路局房屋管理部门出具的证明文件。

⑧房屋属于宗教系统的,由北京市落实私房政策领导小组办公室出具宗教房产《确权通知书》,或提交该宗教团体业务主管部门出具的证明文件。

⑨房屋属于军队房产的,提交《军队房地产租赁许可证》副本原件。

⑩房屋属于武警部队房产的,提交武警部队后勤部基建营房部核发的《武警部队房地产租赁许可证》副本复印件。

⑪房屋属于宾馆、饭店(酒店)的,提交加盖公章的营业执照复印件。

⑫注册在商品交易市场内的,由市场服务管理机构出具证明,并提交加盖该市场服务管理机构公章的营业执照复印件。

⑬注册在人防工程或普通地下室的，应提交人民防空工程使用许可文件或区县建设（房屋）行政主管部门的备案证明。

⑭申请从事报刊零售亭经营的，应由市邮政管理局在登记申请书中盖章，并提交市或区县市政市容委出具的备案证明复印件。

⑮住宅楼底层规划为商业用途的房屋不得从事餐饮服务、歌舞娱乐、提供互联网上网服务、生产加工和制造、经营危险化学品等涉及国家安全、存在严重安全隐患、影响人民身体健康、污染环境的生产经营活动，以及法律法规规定的不得从事的其他行业。

REMINDER

关于北京市房屋租赁管理的温馨提示

企业使用注册地址时，除了正常的运营维护外，还需要注意以下问题：

2011年5月5日，北京市人民政府颁布了：《关于修改〈北京市房屋租赁管理若干规定〉的决定》（北京市人民政府令第231号），有以下几条修改值得关注：

1. 房屋租赁期限内未经承租人同意，出租人不得擅自缩短租赁期限、增加租金。

2. 房屋在租赁期限内因买卖、继承、赠与等发生所有权变动的，不影响租赁合同的效力。

3. 租赁房屋用于居住的，应当进行出租登记，承租人应当配合出租人进行房屋出租登记；不得擅自改变承租房屋的规划设计用途，不得利用租赁房屋从事非法生产、加工、储存，经营爆炸性、毒害性、放射性、腐蚀性物质或者传染病病原体等危险物质和其他违法活动，不得损害公共利益或者妨碍他人正常工作、生活。

4. 公安、工商行政管理、民防、卫生、文化、新闻出版、教育等行政部门在办理相关行政许可时依法应当审查活动场所的，应当审查租赁房屋的使用用途是否符合规划设计用途，是否符合法律、法规、规章有关活动场所的规定；不符合的，不予办理相关行政许可。

5. 公安、建设（房屋）、工商行政管理、民防、卫生、人口计生、规划、文化、教育、税务和城市管理综合执法等行政部门应当建立执法责任制，落实对房屋租赁管理的监督检查责任；在执法中发现不属于本部门查处的违法行为的，应当及时告知同级出租房屋管理机构，出租房屋管理机构应当及时告知有关行政部门依法查处。

6. 出租人、承租人在房屋租赁活动中发生纠纷的，应当协商解决；协商不成，出租人、承租人可以向人民调解委员会、房地产中介行业协会、建设（房屋）行政部门或者其他相关单位申请调解，也可以依法申请仲裁或者提起诉讼。

7. → 领取到营业执照后，企业要自行公示哪些信息？

答： 根据国务院注册资本登记制度改革方案等文件要求，领取营业执照后，除工商局将通过企业信用信息网向社会公示企业登记情况外，企业应当在取得营业执照后20个工作日内通过同一网站自行公示：股东（发起人）认缴和实缴的出资额、出资时间、出资方式等信息及行政许可信息等内容。

REMINDER

关于北京市营业执照领取后信息公示的温馨提示

企业领取营业执照后，需要通过企业信用信息网向社会公示部分信息。目前，北京市工商局已通过"北京市企业信用信息网"向投资人和公司提供了自行录入上述信息的功能。您可以在电脑上访问网址http://qyxy.baic.gov.cn，也可以通过手机及其他移动设备访问http://qyxy.baic.gov.cn/wap录入企业信息，完成信息公示。

企业自主进行信息公示时，应注意股东（发起人）的认缴出资方式、出资金额、出资时间等信息均应与章程约定的内容一致；公示的实缴情况应当与实际情况相符且与章程约定内容一致。如与章程不一致的，请及时向工商部门办理章程备案。工商部门将对企业公示信息进行抽查。如企业被发现未按规定履行公示义务，将被载入经营异常名录，并接受相应的惩戒措施；如公示信息存在隐瞒、弄虚作假等情形，企业将被列入严重违法企业名单，根据不同情况受到工商局不同处罚。

特别需要提请注意的是，本次注册资本登记制度改革虽然将注册资本实缴登记制改为认缴登记制，为投资者降低了市场准入门槛，但认缴登记并没有改变公司股东以其认缴的出资额承担责任的规定，也没有改变承担责任的形式。股东（发起人）应按照自主约定并记载于公司章程的认缴出资额、约定的出资方式和出资期限向公司缴付出资。股东（发起人）未按约定实际缴付出资的，应根据法律和公司章程承担民事责任。因此，请股东（发起人）在认缴出资时充分考虑到自身所具有的投资能力，理性地作出认缴承诺，并践诺守信。

8.→ 领取到营业执照后，企业需要刻制哪些印章？

答：企业必须刻制的印章是公章和财务章。公章是法律效力最大的一枚章，凡以公司名义发出的文件，如对外发出的信函、公文、证明等其他法律文件都需要用到公司公章。财务章通常用于公司对外的财务往来结算中。企业可以选择性刻制的印章有合同章、发票章、法人人名章、报关章。合同章是企业对外签订合同时所加盖的印章，发票章是企业购买和对外开立发票时所使用的印章，法人人名章主要用于公司的一些决议以及办理诸如银行开户、支票背书等相关事务，报关章是有进出口权的公司在办理海关业务时所使用的印章。

REMINDER

关于北京市新型防伪印章刻制及刻章备案的温馨提示

新设立企业、企业名称变更、增刻印章及补刻印章的企业，均需要办理印章刻制及刻章备案。依据《印铸刻字业管理暂行规定》（政务院政治法律委员会批准，1951年8月15日公安部发布）、《北京市刻字业管理暂行办法》（北京市政府制定，1987年颁布实施，2002年修正）、《国务院关于国家行政机关和企业事业单位社会团体印章管理的规定》（国发（1999）25号）、《北京市人民政府贯彻国务院关于国家行政机关和企事业单位社会团体印章管理规定的通知》等法律法规规定，全市行政区域内的各级党委、人大、国家行政机关及其部门、政协、司法机关、军事单位、民主党派、企事业单位（包括个体工商户）、社会团体、民办非企业单位、基金会、宗教团体以及其他组织需要刻制法定名称章、财务专用章、合同专用章、报关章、发票专用章和其他业务专用章以及内设机构章等印章的，必须到公安机关办理审批手续，取得《刻制印章通知书》（随附加密芯片一枚）后，到公安机关核发《特种行业许可证》的印章刻制企业刻制（随附芯片交到所选印章刻制企业收回）。

为提升北京市印章管理水平，防范和打击非法刻制、伪造印章等违法犯罪活动，有效保护各机关、团体、企事业单位的合法权益，北京市公安局在全市推行了新型防伪印章，具体信息如下：

1. 全市行政区域内新刻制的上述印章应为新型防伪印章。

2. 新型防伪印章具有编码防伪功能。

3. 新型防伪印章采用内置芯片防伪技术。

4. 每枚印章在交付时由印章刻制企业按规定制作印鉴留存卡，并扫描、上传至公安机关。

5. 新型防伪印章章面使用硬质材料。

6. 各印章使用单位应建立健全印章管理制度，印章及纸质印鉴留存卡应当指定专人监管，专柜存放，严格用印审批手续，确保用印安全。

◎ 变更

9. → 变更名称需要注意哪些问题？

答：名称变更同时涉及股东变更的，在企业申请名称变更时应该按照变更后股东的情况录入股东信息。企业名称变更后应及时办理银行账户信息及其他许可的变更备案事宜。

10. → 内资有限责任公司名称去掉行政区划是否直接向国家工商总局提交申请?

答：企业应该向原工商登记机构申请名称变更，原工商登记机构内部上报国家工商总局核准，国家工商总局核准后由原工商登记机构出具企业名称变更预先核准通知书。

11. → 股权转让需要注意哪些问题?

答：转让方如为个人股东，部分工商局要求工商变更前转让方应先到税务局完成税务申报及缴纳方可办理股权转让；部分工商局可接受转让方的承诺函，承诺及时办理完税事宜。

12. → 出资转让协议是否需要明确转让对价?

答：递交工商局的出资转让协议无须明确具体的对价款数额，但是递交给税务局的出资转让协议需要明确具体对价款，以便于核定收益和个人所得税。

13. → 变更经营范围时涉及许可项目的公司需要提交什么文件?

答：涉及前置许可的经营范围需要提交主管部门的许可文件。

14. → 有限责任公司减少注册资本需要登报多久后才可以办理工商变更登记?

答：减资登报公告需要在市级公开发行的报纸刊登45日后，方可向工商部门递交减资变更登记申请。

15. → 注册资本实缴的部分是否可以进行减资?

答：可以。

16. → 各股东是否需要同比例进行减资？

答：按企业商业需求办理，各股东可以不同比例进行减资。

17. → 企业补领营业执照时，应该注意什么？

答：企业补领营业执照时，应该注意以下几个方面：

（1）《中华人民共和国企业法人登记管理条例》第二十五条第二款规定，企业法人遗失《中华人民共和国企业法人营业执照》、《企业法人营业执照》副本，必须登报声明后，方可申请补领；《中华人民共和国公司登记管理条例》第六十四条第二款规定，营业执照遗失或者损坏的，公司应当在公司登记机关指定的报刊上声明作废，申请补领；《国家工商行政管理总局关于补发企业法人营业执照有关问题的答复》（工商企字〔2001〕第123号）规定，根据《中华人民共和国企业法人登记管理条例》及《中华人民共和国公司登记管理条例》有关规定，营业执照遗失或毁坏的，企业法人应依法向登记机关申请补领。除上述原因外，企业法人申请补领营业执照和登记机关补发营业执照目前均无法律依据。对企业隐瞒真实情况，以营业执照遗失或毁坏为由已补领营业执照的，登记机关应责令企业限期缴回，逾期不缴的，登记机关有权公告补发的营业执照作废。综上所述，如果企业营业执照遗失或毁坏的，应当依法向登记机关申请补领。除上述原因外，登记机关不予办理补领营业执照。

（2）营业执照遗失或毁坏申请补领的，登记机关要求企业提交最高权力机构全体成员签署的决议或情况说明，公司章程另有明确约定的除外。登记机关在审查时需要同时核对系统数据和扫描档案，就相关文件的签署人员、笔迹、所补领的营业执照的合法性和有效性等内容进行认真核查后，方可批准。

（3）如果申请补领企业的股东、法定代表人等利害关系人来函要求限制其办理补领营业执照或有证据证明相关利害关系人之间存在纠纷的，登记部门将从严审查，特别是补领营业执照与变更法定代表人、股东等事项一并办理的，文件材料有瑕疵的一律不予办理；如果补领企业文件材料齐备、符合法定形式的，登记机关可通过要求有关人员到登记机关现场签字、对文件材料进行公证或履行实质审查程序，并与要求限制办理的人员或单位充分沟通，慎重作出登记决定。人民法院或有关行政管理部门来函要求限制办理的，对企业补领申请可不予办理。

（4）关于营业执照与公章同时遗失申请补领营业执照问题。根据《北京市公安局关于印发审批机关团体企事业单位公章工作规范（试行）通知》（京公治字〔2008〕346号）规定，企业在申请补刻章时，应参照企业在设立时"先有照、后有章"的审批原则，提交补领后的营业执照方可办理补刻章手续。而根据工商总局企业登记文件材料规范的有关规定，企业应当在补领证照申请表上加盖企业印章。鉴于上述情况，登记机关将充分考虑企业现实困难和需求，同时避免因未尽审慎注意义务产生行政纠纷的原则，遵循以下处理方式：除提交规定的文件外，企业提交了证明营业执照和公章确系遗失的相关证明或证据、最高权力机构关于"公司意思表示真实，因未加盖印章所造成的一切法律后果由公司承担"的承诺，且没有利害关系人和相关部门向登记机关提出异议的，登记机关可予办理补领营业执照。其他情况原则上不予办理补照登记。

（5）为避免企业规避年检部门在营业执照注明的限期改正行为，以补领营业执照形式换发新执照的，登记机关将在审核企业申请补领文件时认真核查登记档案和企业监督信息，必要时可要求企业提交年检部门通过年检的证明。

◎ 注销

18. → 内资公司注销公告内容有何要求？

答：需要在市级公开发行的报纸上发布注销公告，公告内容应该包含：内资企业名称、统一社会信用代码、清算组成员及组长，并自公告之日起45日后方可到工商部门办理注销登记。

19. → 清算组成员如何组成？

答：《中华人民共和国公司法》第一百八十三条规定，"有限责任公司的清算组由股东组成，股份有限公司的清算组由董事或者股东大会确定的人员组成"。

20. → 哪些情况下可以按照简易注销流程办理内资企业注销登记？

答：2017年3月1日以后将实行企业简易注销登记，适用于以下主体：

（1）领取营业执照后未开展经营活动的企业。

（2）申请注销登记前未发生债权债务或已将债权债务清算完结的有限责任公司、非公司企业法人、个人独资企业、合伙企业。

（3）法院裁定强制清算或裁定宣告破产的。

以下企业不适用简易注销程序：

（1）涉及国家规定实施准入特别管理措施的外商投资企业。

（2）被列入企业经营异常名录或严重违法失信企业名单，存在股权被冻结、出质或动产抵押等情形。

（3）企业所属的非法人分支机构未办理注销登记，曾被终止简易注销程序。

（4）法律、行政法规或者国务院决定规定在注销登记前需经批准以及其他不适用企业简易注销登记的其他情形。

21. → 营业执照或公章丢失了可以直接办理注销登记吗？

答：不可以，需要先补办营业执照或公章后才可办理注销登记。企业应及时办理营业执照或公章丢失的登报手续。

22. → 被吊销的内资公司是否还需要办理企业注销登记？

答：需要办理，否则法定代表/负责人将被锁入企业信用信息系统，在锁入期间不能担任其他公司的法定代表人、董事、监事、经理以及分支机构的负责人。

23. → 被吊销的公司是否可以恢复营业执照？

答：根据《企业登记程序规定》（国家工商总局令第9号）的规定，营业执照被吊销后，工商机关应当办理注销登记。被吊销后是否可以恢复营业执照，法规中却无相关规定，各地工商部门在实际操作过程中的执行尺度也不统一，部分地方工商部门可以恢复营业执照。

1.2　内资合伙企业

◎ 设立

1. → 内资合伙企业的类型有几种？

答：普通合伙企业、有限合伙企业两种类型。

普通合伙企业指两个或两个以上的合伙人组成，各合伙人以自己个人的财产对合伙组织的债务承担无限连带责任。以专门知识和技能为客户提供有偿服务的专业服务机构可以设立为特殊的普通合伙企业，如律师事务所、会计师事务所、医师事务所、设计师事务所等。

有限合伙企业指由普通合伙人和有限合伙人共同组成的合伙企业组织。在有限合伙企业中，普通合伙人负责合伙的事务执行，并对合伙债务负无限责任；有限合伙人则不参与合伙的事务执行，对合伙债务仅以其出资额为限承担有限责任。

2. → 内资合伙企业名称核定有何特殊注意事项？

答：根据《中华人民共和国合伙企业法》的规定，合伙企业名称中应当标注"普通合伙""有限合伙""特殊普通合伙"字样；合伙企业名称中必须含有行政区划。

3. → 哪些企业不得成为内资合伙企业的普通合伙人？

答：《中华人民共和国合伙企业法》第三条规定："国有独资公司、国有企业、上市公司以及公益性的事业单位、社会团体不得成为普通合伙人。"

4. → 有限合伙企业的执行事务合伙人为机构时应注意什么？

答：执行事务合伙人为机构时，该机构应该再委派一名自然人作为委派代表执行合伙事务。

5. → 执行事务合伙人委派代表是否可以同时向内资合伙企业出资作为内资合伙企业有限合伙人？

答：《中华人民共和国合伙企业法》中没有明文规定不可以，但是在法律实践中，目前工商局系统设置上无法将"委派代表个人"按照有限合伙人的身份录入。

6. → 内资合伙企业执行事务合伙人委派代表任职资格有何限制？

答：被锁入企业信用信息系统"警示信息"的人员，在锁入期间不能担任执行事务合伙人委派代表。

7. → 合伙人的出资方式有哪些？

答：《中华人民共和国合伙企业法》第十六条规定"合伙人可以用货币、实物、知识产权、土地使用权或其他财产权利出资，也可以用劳务出资"。但第六十四条第二款规定"有限合伙人不得以劳务出资"。

合伙人以实物、知识产权、土地使用权或者其他财产权利出资，需要评估作价的，可以由全体合伙人协商确定，也可以由全体合伙人委托法定评估机构评估。合伙人以劳务出资的，其评估办法由全体合伙人协商确定，并在合伙协议中载明。

8. → 选择内资合伙企业住所（经营场所）时应注意哪些问题？

答：参见第5页问题6。

◎ 变更

9. → 原合伙人全部退出、新合伙人加入需要签署出资转让协议吗？

答：北京地区不需要签署出资转让协议，按照合伙人退伙入伙处理，需要签署退伙协议、入伙协议等文件。深圳地区需要签署出资转让协议。其他地区因各地工商部门的执行尺度不统一，政策也不同。

10. → **有限合伙企业普通合伙人退伙，仅剩有限合伙人时应该怎么办？**

答：《中华人民共和国合伙企业法》第七十五条规定"有限合伙企业仅剩有限合伙人的，应当解散"。

11. → **合伙企业减少合伙金额是否需要登报？**

答：以北京地区为例，合伙企业减少合伙金额无须刊登减资公告，向工商部门递交减少合伙金额的材料时不需要提交登报公告。

◎ 注销

12. → **内资合伙企业注销是否需要刊登注销公告？**

答：政府法律法规中没有具体注明内资合伙企业注销是否需要刊登注销公告，但在目前的法律实践中，不需要刊登注销公告。

13. → **内资合伙企业可以按照简易注销流程办理注销吗？**

答：参见第14页问题20。

14. → **营业执照或公章丢失了可以办理注销登记吗？**

答：不可以，需要先补办营业执照或公章后才可办理注销登记。企业应及时办理营业执照或公章丢失的登报手续。

15. → **被吊销的内资合伙企业是否还需要办理企业注销登记？**

答：需要办理，否则执行事务合伙人或委派代表将被锁入企业信用信息系统，在锁入期间不能担任其他企业工商登记的高级管理人员。

16. → 被吊销的内资合伙企业是否可以恢复正常状态？

　　答：参见第15页问题23。

1.3　内资有限责任公司分公司

◎ 设立

1. → 分公司怎么起名？

　　答：分公司名称一般为从属"企业名称+行政区划或地名+字号（可自主选择）+行业（经营特点）+组织形式"。其中，行政区划、行业、字号可以省略。例如：北京天利达餐饮有限公司朝阳食品分公司；北京天利达餐饮有限公司销售分公司；北京天利达餐饮有限公司分公司；北京天利达餐饮有限公司利达科技分公司。

2. → 选择住所（经营场所）时应注意哪些问题？

　　答：参见第5页问题6。

3. → 分公司的经营范围是否可以超过总公司的经营范围？

　　答：《中华人民共和国公司法》中并未限制分公司经营范围不超过总公司的经营范围，但法律实践中各地工商部门的执行尺度不统一，部分工商部门仍然要求分公司的经营范围不得超出总公司经营范围。

4. → 关于分公司负责人的任职资格有何限制？

　　答：被锁入企业信用信息系统"警示信息"的人员，在锁入期间不能担任内资有限责任公司分公司负责人。

5. → 分公司和子公司在法律地位和税收上有什么区别？

答：法律地位上，分公司不具有法人资格，其民事责任由总公司承担。子公司具有法人资格，依法独立承担民事责任。

税收上，分公司地税必须办理独立核算，而国税可以办理非独立核算。子公司作为独立法人，国税和地税必须独立核算。

◎ 变更

6. → 分公司变更经营年限时应注意哪些问题？

答：分公司经营年限一般按照总公司经营年限进行核准，分公司进行年限变更前应先完成总公司经营年限的变更。

7. → 分公司变更注册地址时应注意哪些问题？

答：参见第5页问题6。

8. → 分公司变更经营范围时应注意哪些问题？

答：因《中华人民共和国公司法》中未限制内资有限责任公司分公司经营范围必须在总公司的经营范围内，但法律实践中各地工商部门的执行尺度不统一，部分工商部门在工商登记时仍然要求分公司的经营范围不超出总公司经营范围。

9. → 分公司变更负责人时应注意哪些问题？

答：被锁入企业信用信息系统"警示信息"的人员，在锁入期间不能担任内资有限责任公司分公司的负责人。

10. → 分公司可以转换为公司制企业法人吗？

答：按照《中关村国家自主创新示范园区企业组织形式转换登记试行办法》的规定，只有注册在中关村国家自主创新示范园区的分公司才可以转换为公司制企业法人（含股份有限公司）。

◎ 注销

11. → 被吊销的分公司是否还需要办理企业注销登记？

答：需要办理，否则负责人将被锁入企业信用信息系统，在锁入期间不能担任其他公司的法定代表人、董事、监事、经理以及分公司的负责人。

12. → 被吊销的分公司是否可以恢复营业执照？

答：参见第15页问题23。

1.4 内资股份有限公司

◎ 设立

1. → 一个发起人可以成立内资股份有限公司吗？

答：不可以。《中华人民共和国公司法》规定"设立股份有限公司应当有二人以上二百人以下为发起人"。

2. → 发起人首次出资是非货币形式的，需要提交什么文件？

答：募集设立的股份有限公司涉及发起人首次出资以非货

币财产出资的，应当提交已办理财产权转移手续的证明文件。

发起设立的股份有限公司只需按照认缴时间办理财产转移即可。

3. → 内资股份有限公司董事会和监事会有何特殊要求？

答：根据《中华人民共和国公司法》的规定，股份有限公司设董事会（其成员为五人至十九人）；股份有限公司设监事会（其成员不得少于三人），监事会应当包括股东代表和适当比例的公司职工代表，其中职工代表的比例不得低于三分之一。

4. → 关于内资股份有限公司法定代表人、董事、监事、经理等高管人员的任职资格有何限制？

答：参见第4页问题5。

5. → 选择内资股份有限公司住所（经营场所）时应注意哪些问题？

答：参照第5页问题6。

6. → 涉及许可项目的公司需要提交什么文件？

答：经营范围中涉及工商登记前置许可项目的，应该取得主管部门许可后进行工商登记；涉及后置审批的，可先行进行工商登记，但应在获得相关部门批准后方可开展经营活动。

◎ 变更

7. → 股份有限公司的哪些变更事项仍然在工商局进行登记？

答：（1）设立登记；（2）名称、住所、营业期限、法定代表人、经营范围变更；（3）发起人姓名或名称变更；（4）增加、减少注册资本；（5）股份有限公司（非上市）变更为股份有限公司（上市）；（6）修改章程；（7）董事（含副董事长）、经理、监事；（8）已设立分支机构；（9）清算组；（10）营业执照丢失、损毁补发，以及换发或增发营业执照副本。

8. → 股份有限公司股权变更登记的办理机构是什么？

答：按照国家关于简政放权、改革工商登记制度的要求，北京市工商局自2014年3月1日起，不再办理非上市股份有限公司股权变更登记事项，改由股权交易中心具体办理。但实际操作过程中各地工商部门的执行尺度不统一，其他地区会有不同的政策。

9. → 股份公司股份转让有哪些特殊限制？

答：《中华人民共和国公司法》第一百四十一条规定："发起人持有的本公司股份，自公司成立之日起一年内不得转让。公司公开发行股份前已发行的股份，自公司股票在证券交易所上市交易之日起一年内不得转让。公司董事、监事、高级管理人员应当向公司申报所持有的本公司的股份及其变动情况，在任职期间每年转让的股份不得超过其所持有本公司股份总数的百分之二十五；所持本公司股份自公司股票上市交易之日起一年内不得转让。上述人员离职后半年内，不得转让其所持有的本公司股份。公司章程可以对公司董事、监事、高级管理人员转让其所持有的本公司股份作出其他限制性规定。"

10. → 股份有限公司在北京股权登记管理中心办理股权变更登记前还需办理什么手续？

答：按照《北京股权登记管理中心》的要求需要办理股份初始登记。

1.5 个人独资企业

◎ 设立

1. → 什么是个人独资企业?

答：个人独资企业是指在中国境内设立，由一个自然人投资，财产为投资人个人所有，投资人以其个人财产对企业债务承担无限责任的经营实体。

2. → 个人独资企业对投资人（股东）有何特殊要求?

答：个人独资企业的投资人应为一个自然人，且法律法规禁止从事营利性活动的人（如公务员、现役军人等）不得成为个人独资企业的投资者。

3. → 个人独资企业在起名时有何特别要求?

答：个人独资企业名称中不得使用"有限""有限责任""公司"字样。

4. → 选择个人独资企业住所（经营场所）时应注意哪些问题?

答：参照第5页问题6。

◎ 变更

5. → 个人独资企业是否可以增加股东?

答：可以，但增加股东后公司类型将由个人独资企业变更为有限责任公司。

6. → 个人独资企业是否可以变更投资人？

答：可以，签署转让协议书或法定继承文件即可。

7. → 个人独资企业是否可以变更出资方式？

答：可以，但增加股东后公司类型将由个人独资企业变更为有限责任公司。

◎ 注销

8. → 注销个人独资企业是否收缴公章？

答：根据《企业法人登记管理条例》规定，工商部门在核准个人独资企业的注销登记后，需要收缴《企业法人营业执照》《企业法人营业执照》副本及公章。

9. → 个人独资企业是否需要刊登注销公告？

答：根据《个人独资企业法》第二十七条规定："个人独资企业解散，由投资人自行清算或者由债权人申请人民法院指定清算人进行清算。投资人自行清算的，应当在清算前十五日内书面通知债权人，无法通知的，应当予以公告。"

1.6 中关村示范区企业登记优待政策

1. → 企业是否可以在名称中使用阿拉伯数字，有何使用规则？

答：企业可以将阿拉伯数字作为名称字号或者名称字号的一部分使用。阿拉伯数字一般不得超过5位。但是属于下列情形的阿拉伯数字不得用于企业名称：

（1）有损国家、社会公共利益；

（2）可能对公众造成欺骗、误解或者违反社会公序良俗；

（3）部队番号；

（4）公共服务电话号码（公共服务电话机构同意的除外）；

（5）其他法律、法规禁止的。

2. → 企业申请园区内的集中办公区作为工商注册地址需满足什么条件？

答：申请在示范区内设立企业的，除经营范围中含有许可经营项目外，可以申请以示范区管理机构确定的集中办公区作为住所（经营场所）。

3. → 中关村园区内的企业对经营范围有何优惠政策？

答：根据企业申请，也可以按照经营范围登记的有关规定登记具体经营项目。科技型企业核定经营范围时，可以按照国民经济行业大类归纳表述为"技术开发，技术推广，技术转让，技术咨询，技术服务，技术培训"。

4. → 企业投资人是否可以用知识产权、科技成果等无形资产入股的方式在示范区设立企业?

答:为促进科技成果的转化,投资人可以以知识产权、科技成果等无形资产入股的方式在示范区设立企业。

5. → 园区内企业满足什么条件可以申请集团公司?

答:示范区范围内拥有不少于3家子公司的企业可以登记为集团公司,在名称中使用"集团"或者"(集团)"字样。

6. → 园区内企业是否可以转换组织形式?

答:示范区内登记注册的公司制企业法人、非公司制企业法人、合伙企业、个人独资企业以及上述企业的分支机构转换为其他组织形式,可向示范区各园区所在地工商分局申请。

1.7　工商年报

1. → 工商年报每年应在什么时间进行申报?

答:每年的1月1日至6月30日,对上一年度进行信用公示,当年成立的公司,需下一年度对此年度进行公示。

2. → 企业如何进行工商年报的申报?

答:登录"全国企业信用信息公示系统"进行填报,网址为:http://www.gsxt.gov.cn/index.html。

3. → 企业工商年报需要填报什么信息?

答:企业基本信息、股东及出资信息、资产状况信息、社保信息。

4. → 工商局是否对企业填报的网站信息进行审核?

答:工商局不会对企业填报的网站信息进行审核,但是在年报结束后,会进行随机抽查,并对其公示信息情况进行核查。检查结果由工商行政管理部门通过企业信用信息公示系统向社会公布。

5. → 企业通信地址是填报注册登记的地址还是实际经营的地址?

答:注册登记的地址。

6. → 工商局是否对年报申报内容进行核查,主要会有哪些问题及处罚?

答:在年报结束后,会进行随机抽查,并对其公示信息情况进行核查。检查结果由工商行政管理部门通过"全国企业信用信息公示系统"向社会公布。

主要问题有:实际经营地址与注册地址不一致、注册资本实缴情况未如实公示等。

如果发现问题,各地区处理方式不一样,但大致相同,如北京会通知责令限改,如果到期未改则加入经营者异常名录。

7. → 企业是否必须参加工商年报?如企业没有经营活动或者亏损,是否仍需进行工商年报?若企业没有及时参加工商年报,会有什么后果?

答:企业必须参加工商年报。如企业没有经营活动或者亏损,仍需要参加工商年报。如果企业未及时参加工商年报,将会被列入经营者异常名录。

2. 外商投资企业

2.1　外商独资企业

◎ 设立

1. → 一个外国（地区）自然人设立的一人有限公司可以再投资新的一人有限公司吗？

答：不可以。《中华人民共和国公司法》第五十八条规定："一个自然人只能投资设立一个一人有限责任公司。该一人有限责任公司不能投资设立新的一人有限责任公司。"

2. → 外国投资者怎么缴付注册资本？

答：外商独资企业领取银行核发的外汇业务登记凭证后，即可到银行开立资本金账户，外国投资者根据章程认缴注册资本的相应约定向该资本金账户汇入相应注册资本。

REMINDER

关于外资企业投资总额与注册资本的温馨提示

外资企业的投资总额即按照企业合同、章程确定的生产经营规模，是外商投资企业生产经营所需的基本建设资金和生产经营流动资金的总和，包括投资者认缴的注册资本和外商投资企业的借款。外资企业注册资本与投资总额比例的目前规定如下：

（1）投资总额在300万美元（含）以下，其注册资本至少应占投资总额的7/10；

（2）投资总额在300万美元（不含）以上至1000万美元（含），其注册资本至少应占投资总额的1/2，其中投资总额在420万美元（含）以下的，注册资本不得低于210万美元；

（3）投资总额在1000万美元（不含）以上至3000万美元（含），其注册资本至少应占投资总额的2/5，其中投资总额在1250万美元（含）以下的，注册资本不得低于500万美元；

（4）投资总额在3000万美元（不含）以上的，其注册资本至少应占投资总额的1/3，其中投资总额在3600万美元（含）以下的，注册资本不得低于1200万美元。

因此，投资总额与注册资本之间的差额是外资企业向境外借外债的额度，也是外资企业享受借外债的权利。外资企业增资后可以按照上述比例要求增加借外债的额度，也可以永远不借外债，但是请别轻易放弃自己的权利。

3. → 外商独资企业是否可以用注册资本进行股权投资？

答： 外商独资企业的注册资本应按照其经营范围规定的经营活动结汇使用，除非经营范围有"投资"字样，否则无法将注册资本结汇用于股权投资。外商独资企业的境内人民币利润可用于股权投资。

REMINDER

关于一般外商投资企业资本金结汇用于股权投资的温馨提示

根据《公司法》和2000年原对外贸易经济合作部和国家工商行政管理局颁布的《关于外商投资企业境内投资的暂行规定》，外商投资企业进行境内股权投资（包括新设子公司或并购其他境内公司股权）并不存在法律障碍，但国家外汇管理局对于注册资本金结汇限制性的规定使得很多一般性外商投资企业无法通过利用注册资本金设立子公司或并购境内公司股权的方式来扩大生产和经营。

2015年3月30日，国家外汇管理局发布了《关于改革外商投资企业外汇资本金结汇管理方式的通知》（汇发〔2015〕19号），对外商投资企业资本金结汇方式及结汇资金用途进行了新的规范。最为值得关注的就是允许一般性外商投资企业以外汇资本金结汇所得人民币用于境内股权投资，办理方式如下：

由被投资企业先到注册地外汇局（银行）办理境内再投资登记并开立相应结汇待支付账户，再由开展投资企业将结汇所得人民币划转到被投资企业开立的结汇待支付账户。

不过值得注意的是，根据与部分地方外汇分局初步沟通结果来看，对于是否立即放开一般外商投资企业资本金结汇所得人民币用于境内股权投资仍持有不同的理解。在实践操作中，只要一般外商投资企业经营范围中有"投资咨询、投资管理"字样，部分地区银行允许该外商投资企业将注册资本金结汇用于经营范围内涉及的经营活动相关的股权投资。但与之相对应的两个难题又横亘在一般性外商投资企业面前：

一是部分地区商务、工商部门将经营范围中有"投资管理"字样的企业认定为是外商投资性公司，按照《关于外商投资举办投资性公司的规定》（商务部令2004年第22号）的要求进行备案登记。

二是2016年以来全国陆续暂停投资类公司的工商登记，要想在经营范围中增加"投资咨询、投资管理"字样，需要首先获得当地金融主管部门批准后方可进行工商登记。

根据实际操作经验，特将可以应对以上两大难题的地区及其要求汇总如下：

地区	设立适格企业（前置审批）流程	核心要求
成都－锦江区	（1）由引进机构将该企业基本信息上报至领导小组办公室。 （2）领导小组办公室将信息表发送至9个政府监管部门，监管部门按照各自工作监管职责出具相关意见。 （3）领导小组办公室议定结果后发函给引进机构和工商局。	● 企业类型最好为公司制。 ● 企业注册资本最好在5000万美元以上。 ● 若为实体企业，要求可放宽，一事一议。

续表

地区	设立适格企业（前置审批）流程	核心要求
成都 – 双流区	（1）提交申请文件给当地金融办。 （2）金融办审核无误后可出具批文。	● 注册资本至少 500 万元人民币及以上。 ● 企业类型为有限合伙企业的，要求双落户（基金管理人及基金产品落户）。
浙江宁波		● 注册资本不宜过低。 ● 企业类型为有限合伙企业的要求双落户（基金管理人及基金产品落户）。 ● 企业名称中不予核准"投资咨询或投资管理"字样，经营范围中只允许核准"投资咨询"字样（不影响结汇）。
浙江湖州		

4. → 外国投资者合法资格证明有何要求？

答：外国投资者需要提供所在国家公证机关公证并经我国驻该国使（领）馆认证的主体资格证明或身份证明；港澳台地区投资者的主体资格证明或身份证明应当依法提供当地公证机构的公证文件[香港地区的由中国法律服务（香港）有限公司加盖转递专用章转递，大陆内地公安部门颁发的台胞证也可作为台湾地区自然人投资者的身份证明且无须公证]；外方投资者所在国与我国尚未建立外交关系或已终止外交关系的，其主体资格证明或者身份证明应经所在国公证机构公证后交由我国有外交关系的第三国驻该国使（领）馆认证。文件为外文的，均应同时提供中文翻译件。

关于外国投资方办理公证认证的温馨提示

公司的外国投资方若为公司，投资方在办理公证认证时请注意以下事项：

（1）公证认证的主体必须为设立WOFE、JV、JC、FIP的外国直接投资方；

（2）公证认证的内容中须含有外国投资方的商业登记证（该商业登记证应在注册的有效期内）、董事名录（特别注意：如贵司投资方为香港公司，请在公证文件中对公司的注册证书和商业登记证/董事名录等NCI文件同时进行公证，并保证商业登记证在注册的有效期内）、董事会全体成员委托其中一位董事签署设立外资公司的全套申请文件的委托书或董事会决议。

（3）公证须经外国投资方所在国具有合法资质的公证机关公证，并经中国驻该国大使馆进行外交认证。特别注意：如贵司投资方为香港公司，需经中国法律服务（香港）有限公司授权的律师事务所或律师作公证文件，同时在公证文件中加盖"中華人民共和國司法部委托香港律師辦理内地使用的公證文書轉達專用章；中華法律服務（香港）有限公司"字样，由于香港属于中国领土，因此不需再作外交认证。

公司的外国投资方若为自然人，投资方在办理公证认证时请注意以下事项：

（1）公证认证的主体必须为设立WOFE、JV、JC、FIP的外国直接投资方；

（2）公证认证的内容中须含有外国投资者的护照复印件（该护照复印件应在有效期内）。特别注意：如贵司投资方为持香港永久居民身份证的自然人，请在公证文件中对香港永久性居民身份证复印件进行公证，并保证该身份证在有效期内。

（3）公证须经外国投资方所在国具有合法资质的公证机关公证，并经中国驻该国大使馆进行外交认证。特别注意：如贵司投资方为持香港永久性居民身份证的自然人，请在经中国法律服务（香港）有限公司授权的律师事务所或律师作公证文件，同时在公证文件中加盖"中華人民共和國司法部委托香港律师办理内地使用的公证文书转达专用章；中国法律服务（香港）有限公司"字样，由于香港属于中国领土，因此不需再作外交认证。

关于公证认证文件的有效期：以北京市为例，北京市商务局要求公证认证文件的有效期为自开出之日起半年内有效。以上公证认证文件须提供一份原件。

5. → 关于外商独资企业法定代表人、董事、监事、经理等高管人员的任职资格有何限制？

答：参见第4页问题5。

6. → 外商独资企业经营范围有何限制？

答：外商独资企业经营范围涉及外商投资准入特别管理措施的，根据《外商投资产业指导目录（2017年修订版）》中限制类和禁止类，以及鼓励类中有股权要求、高管要求的，需要符合这些规定的要求。在法律实践中各地政府部门如有产业禁止和限制项目也需要符合这些规定中的要求。

7. → 《外商投资产业指导目录（2017版）》比起旧版（2015版）有何新的变化？

答：与旧版相比，新版指导目录进一步削减外资准入限制性措施，扩大和提高了我国多行业领域对外资开放的范围和程度。例如，内外资一致进行管理的条目不再列入外资禁止类条目。新版目录保留63条禁止、限制类条目，较上版减少30条。本次修订的亮点之一为：非关联并购且不涉及准入限制行业或领域的外资并购从禁止类条目中移除。

8. → 选择外商独资企业住所（经营场所）时应注意哪些问题？

答：参见第5页问题6。

9. → 外商独资企业在设立时，哪些项目属于商务部门管理，哪些项目属于备案管理？

答：实行审批管理的项目：

（1）外商投资准入特别管理措施范围内的投资，对于涉及《外商投资产业指导目录》限制类和禁止类；

（2）鼓励类中有股权要求、高管要求的领域，不论金额大小或投资方式（新设、并购）均将继续实行审批管理；

（3）外国投资者并购境内非外商投资企业，适用《关于外国投资者并购境内企业的规定》（商务部令2009年第6号），其中涉及上市公司的，适用《外国投资者对上市公司战略投资管理办法》。

实行备案管理的项目：

（1）不涉及国家规定实施准入特别管理措施的实行备案管理。

（2）外国投资者并购境内非外商投资企业完成后，外商投资企业发生的变更事项，如不涉及国家规定实施准入特别管理措施的，实行备案管理。

（3）针对外商投资的上市公司及在全国中小企业股份转让系统挂牌的公司这一特殊类型，外国投资者可仅在其持股比例变化累计超过5%或控股地位（相对）发生变化时，就投资者基本信息或股份变更事项实行备案管理。

（4）中外合作经营企业、外资企业以及外商投资的股份有限公司。投资类外商投资企业（包括投资性公司、创业投资企业）视同外国投资者，实行备案管理。

（5）港澳台地区投资者投资不涉及国家规定实施准入特别管理措施的，实行备案管理。

10. → 外商投资企业在商务部门备案时，外商投资企业实际控制人及投资者实际控制人如何追溯？

答：《外商投资企业设立及变更备案管理暂行办法》（商务部令2016年第3号）规定，外商投资企业及其投资方需要申报最终实际控制人信息及其变更。最终实际控制人是指通过股份、合同、信托或其他方式最终直接或间接对外商投资企业投资者实现控制的自然人、企业、政府机构或国际组织。实际控制人是境外的，需追溯至境外上市公司、境外自然人、外国政府机构（含政府基金）或国际组织；实际控制人是境内的，需追溯至境内上市公司、境内自然人或国有/集体企业。

11. → 外商投资企业在名称中使用"（中国）"，需要满足什么条件？

答：《国家工商行政管理总局关于充分发挥工商行政管理职能作用进一步做好服务外商投资企业发展工作的若干意见》（工商外企字〔2010〕94号）规定，申请企业名称中间使用"（中国）"字样的需要满足以下条件：

（1）使用外国（地区）出资企业的字号；

（2）企业性质为外商独资企业和外方控股的外商投资企业；

（3）经营范围为从事现代服务业和高新技术产业；

（4）注册资本达到3000万元人民币。

12. → 设立外商投资融资租赁公司有什么特殊注意事项？

答：根据商务部颁布的《外商投资租赁业管理办法》、《商务部办公厅关于加强和改善外商投资融资租赁公司审批与管理工作的通知》等相关规定，外商投资融资租赁公司成立资质条件以及后期管理维护的各项要点如下：

（1）投资方的申请条件：

①必须为公司、企业或者其他经济组织；

②设立须满一年或以上；

③资信良好；

④上一年度审计报告显示资不抵债的不符合申请资格；

⑤从事实体经营活动；

⑥总资产不得低于500万美元；

⑦符合条件的外方投资者境外母公司以其全资拥有的境外子公司（SPV）名义投资设立融资租赁公司，可不要求存续满一年。

（2）从业人员的申请条件：

①高级管理人员（3~7名）：总经理、业务主管、财务主管、风险控制主管、运营主管；

②具备金融、贸易、法律、会计、工程技术管理等专业知识；

③具有本科以上学历，并提供简历；

④三年以上从事融资租赁公司或相关金融机构的管理经验。

（3）申报材料注意事项：

①对外商投资融资租赁公司的新设立申请，应注意所提交的可行性研究报告内容是否完整，是否涵盖了拟设公司的未来业务发展规划、拟开展业务的行业和领域、组织管理架构、效益分析以及风险控制能力分析等主要内容。

②对已成立外商投资融资租赁公司的增资申请，应注意原注册资本是否已经全部到位，公司须对日常运营及已开展业务情况、增资资金具体用途等进行如实说明。

③同一投资者及其母公司在境内设立两家以上融资租赁公司，须提供已成立融资租赁公司的审计报告、验资报告（须按

期到位）、业务情况说明。拟新设立公司的业务领域应与已成立公司有明显区别。

（4）行业特殊要求：

①外商投资融资租赁公司名称中须注明"融资租赁"字样，经营范围中不得含有"金融租赁"字样。

②融资租赁公司可以经营与租赁交易相关的担保业务，但不得成为主营业务。

③合营合同/章程无须规定"投资总额"，批复文件及批准证书中也无"投资总额"项；外商投资租赁公司对外举借外债，应根据外商投资租赁公司提供的上年度经审计的财务报表，计算出上年度末风险资产总额（A），再计算净资产的10倍（B），然后将（B-A）作为新年度期间该公司可新借外债余额的最高限额。借用外债形成的资产全部计算为风险资产。

④外商投资比例不得低于25%。

（5）后期管理维护注意事项：

①外商投资融资租赁公司可以经营：融资租赁业务、租赁业务、向国内外购买租赁财产、租赁财产的残值处理及维修、租赁交易咨询和担保、经审批部门批准的其他业务。外商融资租赁公司不得从事吸收存款、发放贷款、受托发放贷款等活动；未经相关部门批准，不得从事同业拆借、股权投资等业务。

②外商投资融资租赁公司根据承租人的选择，进口租赁财产涉及配额、许可证等专项政策管理的，应由承租人或融资租赁公司按有关规定办理申领手续。外商投资租赁公司进口租赁财产，应按现行外商投资企业进口设备的有关规定办理。

③为防范风险，保障经营安全，外商投资融资租赁公司的风险资产一般不得超过净资产总额的10倍。风险资产按企业的总资产减去现金、银行存款、国债和委托租赁资产后的剩余资

产总额确定。

④外商投资融资租赁公司应在每年3月31日之前向商务部报送上一年业务经营情况报告和上一年经会计师事务所审计的财务报告。

⑤中国外商投资企业协会租赁业委员会是对外商投资租赁业实行同业自律管理的行业性组织。鼓励外商投资租赁公司和外商投资融资租赁公司加入该委员会。

⑥外商投资租赁公司对外借款，应根据外商投资租赁公司提供的上年度经审计的报表，计算出上年度末风险资产总额（A），再计算净资产的10倍（B），然后将（B-A）作为新年度期间该公司可新借外债余额的最高限额。借用外债形成的资产全部计算为风险资产。

⑦简化融资租赁类公司对外债权外汇管理。对融资租赁类公司开展对外融资租赁业务实行事后登记，由所在地外汇局办理。融资租赁类公司可直接到所在地银行开立境外放款专用账户，用于保留对外融资租赁租金收入，账户内外汇收入结汇可直接向银行申请办理。融资租赁类公司开展对外融资租赁业务，不受现行境内企业境外放款额度限制。

◎ 变更

13. → 外商独资企业发生注册资本、经营范围、经营年限等事项变更时由哪个权力机关出具相关决议？

答：外商独资企业需要由最高权力机构——股东或股东会出具相关决议。

14. → 外商投资企业注册资本实际缴付后是否需要出具验资报告？

答：目前商务及工商部门没有强制企业办理验资报告，为了准确保存注册资本缴付的凭据，特别是未来拟挂牌或上市的企业，建议出具验资报告。

15. → 外商投资企业减少注册资本是否先去商务部门备案？

答：根据《外商投资企业设立及变更备案管理暂行办法》（商务部令2016年第3号）相关规定，外商投资企业减少注册资本属于商务部门备案管理事项，工商登记原则上不以商务部门备案作为前置审批条件。

16. → 外商投资企业注册资本已经实缴的部分是否可以进行减资？

答：外商投资企业设立及变更备案管理改革后，减少实缴注册资本的可行性大大增加，但若涉及大额资金汇出，还需要与外汇部门进行进一步协调沟通。

17. → 外商投资企业的减资公告有何要求？

答：需要在市级公开发行的报纸上刊登减资公告，自公告发行45日后方可办理工商变更登记。

18. → 外商投资企业减少注册资本是否需要向登记机关提交公司债务情况说明？

答：外商投资企业减少注册资本需要向登记机关提交公司债务清偿或担保情况的说明文件。

19. → 外商投资企业经营年限到期后如何处理？

答：外商投资企业应在到期前递交经营期限变更申请，否则可能因为到期后系统信息丢失造成企业无法进行延期申请。在实操过程中，外商独资企业到期后6个月内必须申请延期，中外合资、中外合作企业还应在经营期限到期前6个月申请延期。

20. → 外商投资企业的境外投资方信息发生变更时，是否需要在各政府登记备案部门办理变更备案 / 审批手续？

答：当外商投资企业（WOFE/JV/JC/）的境外投资方信息——包括但不限于投资方被吸收合并、投资方名称、董事成员、法定代表人发生变更时，须及时在各政府登记备案部门办理变更备案/审批手续，尤其是境外投资方在中国境内设立多个WOFE/JV/JC时，外汇管理局受理其中一个WOFE/JV/JC的上述投资方信息变更后，通常在1个月内外汇管理局的系统会自动更新并覆盖其他该投资方投资的WOFE/JV/JC的投资方信息。

21. → 外商投资企业变更为内资企业时，以外币登记的注册资本怎么核算为人民币？

答：外商投资企业变更为内资企业时，应以每次入资的验资报告或到账单为依据，按照实际每次外币出资时点的汇率核算为人民币。

REMINDER

关于服务贸易等项目对外支付税务备案的温馨提示

中方收购外国投资方（以下简称外方）持有的境内企业股权以及拆红筹案例中，常常涉及中方向外方支付股权对价事宜。例如，境外美元基金希望通过股权转让获得现金的方式从境外退出，示意图如下。

如图所示的四家境内公司通过收购外商独资企业外方100%股权，将对价款支付到香港公司的股权变更事宜，主要流程需要通过商务部门、工商部门、税务部门以及外汇管理部门（2015年6月1日后下放到银行）四个主要政府部门和机构进行审批备案。

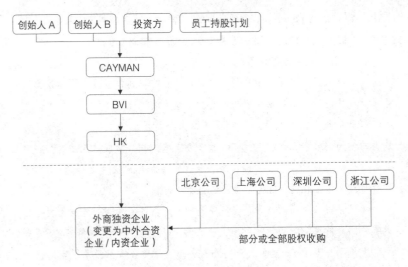

在外资企业获得商务部门、工商部门关于股权转让的备案批准后，需要先到税务部门办理《服务贸易等项目对外支付税务备案表》，方可到银行办理外资企业《业务登记凭证》（业务类型：FDI境内机构转股外转中），将股权对价款汇出至外方。关于办理《服务贸易等项目对外支付税务备案表》的相关法律依据和规定如下：

1. 谁是税务备案申报主体？

《中华人民共和国企业所得税法》第二条规定："本法所称非居民企业，是指依照外国（地区）法律成立且实际管理机构不在中国境内，但在中国境内设立机构、场所的，或者在中国境内未设立机构、场所，但有来源于中国境内所得的企业。"第三条规定："非居民企业在中国境内未设立机构、场所的，或者虽设立机构、场所但取得的所得与其所设机构、场所没有实际联系的，应当就其来源于中国境内的所得缴纳企业所得税。"第三十七条规定："对非居民企业取得本法第三条第三款规定的所得应缴纳的所得税，实行源泉扣缴，以支付人为扣缴义务人。税款由扣缴义务人在每次支付或者到期应支付时，从支付或者到期应支付的款项中扣缴。"

《国家税务总局关于印发〈非居民企业所得税源泉扣缴管理暂行办法〉的通知》规定，对非居民企业取得来源于中国境内的股息、红利等权益性投资收益和利息、租金、特许使用费所得、转让财产所得以及其他所得应当缴纳的企业所得税，实行源泉扣缴，以依照有关法律规定或者合同约定对非居民企业直接负有支付相关款项义务的单位或者个人为扣缴义务人。"

2．在什么地方办理税务备案？

《中华人民共和国企业所得税法》规定："非居民企业取得本法第三条第三款规定的所得，以扣缴义务人所在地为纳税地点。"

《国家税务总局关于印发〈非居民企业所得税源泉扣缴管理暂行办法〉的通知》第十五条规定："扣缴义务人未依法扣缴或者无法履行扣缴义务的，非居民企业应于扣缴义务人支付或者到期应支付之日起7日内，到所得发生地主管税务机关申报缴纳企业所得税。"

《国家税务总局国家外汇管理局关于服务贸易等项目对外支付税务备案有关问题的公告》规定："境内机构和个人向境外单笔支付等值5万美元以上（不含等值5万美元）下列外汇资金、除本公告第三条规定的情形外，均应向所在地主管国税机关进行税务备案，主管税务机关仅为地税机关的，应向所在地同级国税机关备案。"

3．如果第一扣缴义务人无法履行扣缴义务怎么办？

《国家税务总局关于印发〈非居民企业所得税源泉扣缴管理暂行办法〉的通知》第十五条规定："扣缴义务人未依法扣缴或者无法履行扣缴义务的，非居民企业应于扣缴义务人支付或者到期应支付之日起7日内，到所得发生地主管税务机关申报缴纳企业所得税。"

按照上述法律法规的要求，上面案例中北京、上海、深圳以及浙江的四家企业需要分别到所在地的国税部门办理《服务贸易等项目对外支付税务备案表》，由于各地税务部门对于股权转让款涉及的税额征收计算方法不完全相同，同时在受理时间、文件审理、执行效率等方面也有很多不确定性，这些都会大大延误项目的进展。为了高效办理《服务贸易等项目对外支付税务备案表》，在实操中曾尝试分别以境外香港公司和北京外商独资企业作为扣缴义务人向税务部门、外汇部门和银行咨询了能否顺利办理《服务贸易等项目对外支付税务备案表》并且成功汇出股权对价款的问题，沟通情况分享如下：

（1）以外方（香港公司）作为扣缴义务人。

税务部门：税法规定可以由香港公司直接向北京外商独资企业所在地

国税部门办理税务备案，但是税务部门只接受人民币形式的税款支付，如果境外以跨境人民币支付，目前没有对应账户接受。

外汇部门：需要先收到办理完毕的《服务贸易等项目对外支付税务备案表》，银行才给予办理《业务登记凭证》（业务类型：FDI境内机构转股外转中）。

银行：同上面外汇部门的说法。

（2）以标的企业（北京外商独资企业）作为扣缴义务人。

税务部门：税法规定的第一扣缴义务人是依照有关法律规定或者合同约定对非居民企业直接负有支付相关款项义务的单位或者个人。如果第一扣缴义务人未依法扣缴或者无法履行扣缴义务的，比如支付人为境内企业，其正值分立合并等重大资产重组期间；或者支付人为境内自然人，其所在地主管税务机关仅为地税机关的情况下，必须由税务部门来认定是否属于"第一扣缴义务人无法履行扣缴义务的"情形。另外，能否将北京外商独资企业作为第二扣缴义务人也应该由税务局来决定。如果北京国税局同意以北京外商独资企业作为扣缴义务人，在《服务贸易等项目对外支付税务备案表》中"境内支付人机构名称或个人名称"上面只能出现北京外商独资企业的名称。

外汇部门：以外商独资企业作为纳税扣缴义务人办理的《服务贸易等项目对外支付税务备案表》一般不予受理。

银行：四家企业所在地银行需要向当地外汇部门确认是否接受以外商独资企业作为纳税扣缴义务人办理的《服务贸易等项目对外支付税务备案表》，部分地方银行要求当地税务局出具关于以外商独资企业作为纳税扣缴义务人同意函。

综上所述，最简单最直接的办法是：提前预留操作时间，直接由不同地方四家企业（依照有关法律规定或者合同约定对非居民企业直接负有支付相关款项义务的单位或者个人）到当地国税机关备案。

22. → 外商投资企业分立时，存续企业和新设企业是否可以同时办理工商登记？

答：外商投资企业分立时，需要先办理存续企业变更登记后，再办理新设企业工商登记。

◎ 注销

23. → 外商独资企业注销公告有何要求？

答：需要在市级公开发行的报纸上发布注销公告，公告内应该包含：外商独资企业及分支机构名称、统一社会信用代码、清算委员会成员及组长。并自公告之日起45日后方可到工商部门办理注销登记。

24. → 清算委员会成员如何组成？

答：《外资企业法实施细则（2014修订）》第七十二条规定："清算委员会应当由外资企业的法定代表人、债权人代表以及有关主管机关的代表组成，并聘请中国的注册会计师、律师等参加。"但在法律实践中，工商部门要求有限责任公司的清算组由股东组成，股份有限公司的清算组由董事或者股东大会确定的人员组成。

25. → 外商独资企业注销时，若公司有剩余财产需要汇回到外方股东时需要到税务部门办理什么手续？

答：汇出金额高于等值5万美元的，需要到外商独资企业所属国税部门办理《服务贸易等项目对外支付税务备案登记表》。

26. → 营业执照或公章丢失了可以办理注销登记吗？

答：不可以，需要先补办营业执照或公章后才可以办理注销登记。企业应及时刊登营业执照或公章的遗失声明。

2.2　中外合资企业

◎ 设立

1. → 中国籍自然人是否可以同外方投资者共同出资新设中外合资企业？

答：《中华人民共和国中外合资经营企业法》规定，合营企业的中方投资者应为合法的公司、企业或其他经济组织。仅注册地址位于上海浦东新区的中外合资企业，中国公民可以自然人身份出资。

《境内自然人在浦东新区投资设立中外合资、中外合作经营企业管理办法》第一条规定，"允许境内自然人按照平等互利的原则，在浦东新区试点同外国公司、企业、其他经济组织或个人共同举办中外合资、中外合作经营企业。"

2. → 中外合资企业的最高权力机构是股东会吗？

答：中外合资企业的最高权力机构不是股东会。《中外合资经营企业法实施条例》第三十条规定："董事会是合营企业的最高权力机构，决定合营企业的一切重大问题。"

3. → 中外合资企业中方和外方股东认缴的注册资本分别汇入什么账户？

答：中方股东认缴的注册资本应该汇入合资企业人民币基本账户，外方股东认缴的注册资本应该汇入合资企业的外币资本金账户。

4. → 中外合资企业的法定代表人可以由经理担任吗?

答: 不可以。《中外合资经营企业法实施条例》第三十四条规定, "董事长是合营企业的法定代表人。"

5. → 中外合资企业法定代表人、董事、监事、经理等高管人员的任职资格有何限制?

答: 参见第4页问题5。

6. → 选择中外合资企业住所(经营场所)时应注意哪些问题?

答: 参见第5页问题6。

7. → 中外合资企业在设立时哪些项目属于商务部门审批管理, 哪些项目属于备案管理?

答: 参见第36页问题9。

◎ 变更

8. → 中外合资企业发生注册资本、经营范围、经营年限等事项变更时由哪个权力机关出具相关决议?

答: 中外合资企业需要由最高权力机构董事会出具相关决议。

◎ 注销

9. → 中外合资企业注销公告有何要求?

答: 需要在市级公开发行的报纸上发布注销公告, 公告内应该包含：中外合资企业及分支机构名称、统一社会信用代码、清算委员会成员及组长，并自公告之日起45日后方可到工商部门办理注销登记。

10. → 清算委员会成员如何组成？

答：参见第46页问题24。

11. → 营业执照或公章丢失了可以直接办理注销登记吗？

答：不可以，需要先补办营业执照或公章后才可办理注销登记。企业应及时办理营业执照或公章丢失的登报手续。

12. → 中外合资企业注销时，若有资金需要汇回境外，需要到税务部门办理什么手续？

答：汇出金额高于5万美元的需要到中外合资企业所属国税部门办理《服务贸易等项目对外支付税务备案登记表》。

2.3　中外合作企业

◎ 设立

1. → 中国籍自然人是否可以同外方投资者共同出资新设中外合作企业？

答：参见第47页问题1。

2. → 中外合作企业的最高权力机构是股东会吗？

答：中外合作企业的最高权力机构不是股东会。《中外合作经营企业法实施细则（2014修订）》第二十四条规定，"合作企业设董事会或者联合管理委员会。董事会或者联合管理委员会是合作企业的权力机构，按照合作企业章程的规定，决定合作企业的重大问题。"

3. → 中外合作企业法定代表人、董事、监事、经理等高管人员的任职资格有何限制？

答：参见第4页问题5。

4. → 中外合作企业的法定代表人可以由经理担任吗？

答：中外合作企业的法定代表人不可以由经理担任。《中外合作经营企业法实施细则（2014修订）》第三十一条规定，"董事长或者主任是合作企业的法定代表人。"

5. → 哪些可以作为中外合作企业的合作条件？

答：《中外合作经营企业法实施细则（2014修订）》第十八条规定："合作各方向合作企业的投资或者提供的合作条件可以是货币，也可以是实物或者工业产权、专有技术、土地使用权等财产权利。中国合作者的投资或者提供的合作条件，属于国有资产的，应当依照有关法律、行政法规的规定进行资产评估。在依法取得中国法人资格的合作企业中，外国合作者的投资一般不低于合作企业注册资本的25%。在不具有法人资格的合作企业中，对合作各方向合作企业投资或者提供合作条件的具体要求，由对外贸易经济合作部规定。"

6. → 中外双方权益分配比例是否可以不按照出资比例？

答：可以。中外合作者举办合作企业，应当依照《中外合作经营企业法》的规定，在合作企业合同和合作企业章程中约定投资或者合作条件、收益或者产品的分配、风险或者亏损的分担、经营管理的方式和合作企业终止时财产的归属等事项。

7. → 中外合作企业中方和外方股东认缴的注册资本分别汇入什么账户？

答：中方股东认缴的注册资本应该汇入合作企业人民币基本账户，外方股东认缴的注册资本应该汇入合作企业的外币资本金账户。

8. → 选择中外合作企业住所（经营场所）时应注意哪些问题？

答：参见第5页问题6。

9. → 中外合作企业在设立时哪些项目属于商务部门管理，哪些项目属于备案管理？

答：参见第36页问题9。

◎ 变更

10. → 中外合作企业发生注册资本、经营范围、经营年限等事项变更时由哪个权力机关出具相关决议？

答：需要由最高权力机构董事会或者联合管理委员会出具相关决议。

◎ 注销

11. → 中外合作企业注销公告有何要求？

答：需要在市级公开发行的报纸上发布注销公告，公告内应该包含：中外合作企业名称、统一社会信用代码、清算委员会成员及组长。并自公告之日起45日后方可到工商部门办理注销登记。

12. → 清算委员会成员如何组成?

答:参见第46页问题24。

13. → 中外合作企业注销时,若公司有剩余财产需要汇回到外方股东时需要到税务部门办理什么手续?

答:汇出金额大于5万美元则需要到中外合作企业所属国税部门办理《服务贸易等项目对外支付税务备案登记》。

14. → 营业执照或章丢失了可以办理注销登记吗?

答:不可以,需要先补办营业执照或公章后才可办理注销登记。企业应及时办理营业执照或公章丢失的登报手续。

2.4 外商股份有限公司

◎ 设立

1. → 外商股份有限公司发起人是否有三年盈利要求?

答:根据《商务部办公厅关于中外合资经营等类型企业转变为外商投资股份有限公司有关问题的函》(商办资函〔2014〕516号),不再要求"应有最近连续3年的盈利记录"。

2. → 外商股份有限公司经营期限是多久?

答:企业应根据商业安排自行在章程中约定经营年限。

3. → 外商股份有限公司有无投资总额？外债额度？

答：外商股份有限公司无投资总额这个概念，因此无法按照投注差的原则进行外债登记。但可根据《中国人民银行关于在全国范围内实施全口径跨境融资宏观审慎管理的通知》的要求申请外债额度。

4. → 涉及许可项目的外商股份有限公司需要提交什么文件？

答：经营范围中涉及工商登记前置许可项目的，应取得主管部门许可后进行工商登记；涉及后置审批的，可先行进行工商登记，但应在获得相关部门批准后方可开展经营活动。

5. → 关于外商股份有限公司法定代表人、董事、监事、经理等高管人员的任职资格有何限制？

答：参见第4页问题5。

6. → 选择外商股份有限公司住所（经营场所）时应注意哪些问题？

答：参见第5页问题6。

◎ 变更

7. → 外商股份有限公司股权变更登记的办理机构是什么？

答：按照国家关于简政放权、改革工商登记制度的要求，北京市工商局自2014年3月1日起，不再办理非上市股份有限公司股权变更登记事项，改由股权交易中心具体办理。实际操作过程中，各地工商部门的执行尺度不统一，其他地区会有不同的政策。

8. → 外商股份有限公司在股权登记管理中心办理股权变更登记前还需办理什么手续?

答：按照《北京股权登记管理中心》的要求需要办理股份初始登记。

9. → 外商股份有限公司的哪些变更事项仍然在工商局进行登记?

答：参见第22页问题7。

10. → 外商股份公司股份转让有哪些特殊限制?

答：《中华人民共和国公司法》第一百四十一条规定："发起人持有的本公司股份，自公司成立之日起一年内不得转让。公司公开发行股份前已发行的股份，自公司股票在证券交易所上市交易之日起一年内不得转让。公司董事、监事、高级管理人员应当向公司申报所持有的本公司的股份及其变动情况，在任职期间每年转让的股份不得超过其所持有本公司股份总数的百分之二十五；所持本公司股份自公司股票上市交易之日起一年内不得转让。上述人员离职后半年内，不得转让其所持有的本公司股份。公司章程可以对公司董事、监事、高级管理人员转让其所持有的本公司股份作出其他限制性规定。"

◎ 外商投资有限公司变更为外商投资股份有限公司

11. → 外商投资有限公司股改需要商务部门备案还是审批?

答：根据《外商投资企业设立及变更备案管理暂行办法》的规定，外商投资有限公司变更为外商投资股份有限公司经营范围属于允许类或者鼓励类实行备案管理。经营范围如果是限制类实行审批制。

12. → 外商投资有限公司股改项目是否需要经过发展改革委审批？

答：根据现行国家、北京市及各区发展改革委的规定，外商投资有限公司股改时，如现在或未来因业务发展的需要而涉及"生产、设备进出口、土地使用、购买房地产"则需要经过发展改革委的前置立项审批，并且股改后的外资企业所有变更事项均需经过发展改革委的审批。但各地发展改革委执行尺度不一，政策会有不同。

13. → 外商独资企业可以进行股改吗？

答：不可以。外资股份有限公司发起人应为二个（含）以上二百个（含）以下，且发起人中需有过半数在中国境内有住所，但是外商独资企业全部股东皆为境外投资者，因此只有符合条件的中外合资企业方可进行股改。

14. → 外商投资企业变更为外商投资股份有限公司时是否有三年盈利要求？

答：根据《商务部办公厅关于中外合资经营等类型企业转变为外商投资股份有限公司有关问题的函》（商办资函〔2014〕516号）的规定，不再要求"应有最近连续3年的盈利记录"。

◎ 注销

15. → 外资股份有限公司注销公告有何要求？

答：需要在市级公开发行的报纸上发布注销公告，公告内应该包含：外资股份有限公司名称、统一社会信用代码、清算委员会成员及组长。并自公告之日起45日后方可到工商部门办理注销登记。

16. → 清算委员会成员如何组成？

答：参见第46页问题24。

17. → 外资股份有限公司注销时，若公司有剩余财产需要汇回到外方股东时需要到税务部门办理什么手续？

答：汇出资金大于5万美元则需要到外资股份有限公司所属国税部门办理《服务贸易等项目对外支付税务备案登记表》。

18. → 营业执照或公章丢失了可以办理注销登记吗？

答：不可以，需要先补办营业执照或公章后才可办理注销登记。企业应及时办理营业执照或公章丢失的登报手续。

2.5 外资合伙企业

◎ 设立

1. → 外国合伙人主体资格证明有何要求？

答：外国合伙人需要提供所在国家公证机关公证并经我国驻该国使（领）馆认证的主体资格证明或身份证明；港澳台地区投资者的主体资格证明或身份证明应当依法提供当地公证机构的公证文件[香港地区的由中国法律服务（香港）有限公司加盖转递专用章转递，大陆公安部门颁发的台胞证也可作为台湾地区自然人投资者的身份证明且无须公证]；外国合伙人所在国与我国尚未建立外交关系或已终止外交关系的，其主体资格证明或者身份证明应经所在国公证机构公证后交由我国有外交关系的第三国驻该国使（领）馆认证（文件为外文的，均应同时提交中文翻译件）。

2. → 外资合伙企业经营范围有何限制？

答： 根据《外商投资产业指导目录（2017修订）》的规定，"禁止类和标注'限于合资''限于合作''限于合资、合作''中方控股''中方相对控股''外资比例'的鼓励类、限制类项目，不得设立外商投资合伙企业。从事《外商投资产业指导目录（2017修订）》中限制外商投资合伙企业从事的产业需要政府投资主管部门核准的项目，登记机关将履行实质审查程序，于受理之日起15个工作日征求相关主管部门意见，在征求意见的基础上作出是否登记的决定。"

3. → 外国合伙人住所证明有何特殊要求？

答： 外国合伙人应提交经所在国家公证机关公证并经我国驻该国使（领）馆认证的境外住所证明；港澳台地区投资者的境外住所证明应当依法提供当地公证机构的公证文件[香港地区的由中国法律服务（香港）有限公司加盖转递专用章转递]；外国合伙人所在国与我国尚未建立外交关系或已终止外交关系的，其境外住所证明应经所在国公证机构公证后交由我国有外交关系的第三国驻该国使（领）馆认证，但外国合伙人在中国有住所的，可以提交国内住所证明，无须公证认证（文件为外文的，均应同时提交中文翻译件）。

4. → 外籍投资方可否提供在中国大陆的金融机构开具的资信证明？

答：不可以，外籍投资方需要提供其户籍所在国/地区的金融机构开具的资信证明。

5. → 外国合伙人是否可以用其中国境内依法获得的人民币对合伙企业出资？

答：可以，需要外汇管理部门出具的境内人民币利润或者其他人民币合法收益再投资的资本项目外汇业务核准件等相关证明文件。

6. → 关于外资合伙企业执行事务合伙人委派代表的任职资格有何限制？

答：被锁入企业信用信息系统"警示信息"的人员，在锁入期间不能担任外资合伙企业执行事务合伙人委派代表。

7. → 选择外资合伙企业住所（经营场所）时应注意哪些问题？

答：参见第5页问题6。

8. → 外资合伙企业是否需要取得商务部门批准文件？

答：只有合伙人为外商投资企业（不含外商投资的投资性公司），且合伙企业申请的经营范围涉及《外商投资产业指导目录》中限制类项目的情况下，才需要取得商务部门的批准文件。

REMINDER

关于设立外商投资合伙企业的温馨提示

国家工商行政管理总局颁布的《外商投资合伙企业登记管理规定》于2010年3月1日开始生效。北京市工商行政管理局已经于2010年6月21日正式出台《如何办理外商投资合伙企业登记注册》一次性告知单，北京市工商局及所属区县工商分局可以正式受理办理外商投资合伙企业的设立和变更登记。温馨提示，需要注意的事项如下：

（1）合伙企业类型有普通合伙、特殊普通合伙、有限合伙，其中特殊普通合伙企业（以专业知识和专门技能为客户提供有偿服务的专业服务机构，可以设立为特殊的普通合伙企业）需要提交职业资格证明。

（2）外商投资有限合伙企业至少应有一个普通合伙人，并由普通合伙人执行合伙事务；中方为国有独资公司、国有企业、上市公司以及公益性的事业单位、社会团体不得成为外商投资合伙企业的普通合伙人。

（3）外商投资的合伙企业的经营范围不得涉及《外商投资产业指导目录》中禁止类和标注有"限于合资""限于合作""限于合资、合作""中方控股""中方相对控股""外资比例"的鼓励类、限制类项目；在办理设立和变更登记时需要向工商局提交《符合外商投资产业政策的说明》。

（4）外国合伙人除了提交金融机构出具的资信证明和经所在国公证机关公证并经我国驻该国使（领）馆认证的商业登记证明或者身份证明外，外国合伙人的境外住所证明也需要公证和认证。

（5）外商投资的合伙企业在办理设立登记时不需要提交出资证明，但是需要提交全体合伙人对各合伙人认缴出资的确认书，相当于出资承诺函；待申领外商投资合伙企业营业执照后，外国合伙人持相关文件到北京市外汇管理部门办理外国合伙人认缴出资的资本项目外汇业务核准件的核准。

（6）外国合伙人可以以货币、实物、知识产权、土地使用权或其他财产权利出资；获得外汇管理部门出具的外国合伙人境内人民币利润或者其他人民币合法收益再投资的资本项目外汇业务核准件后，可以用于出资；外国普通合伙人以劳务出资的需要提交外国人就业许可文件；外国有限合伙人不得以劳务出资。

（7）变更外商投资合伙企业类型、合伙人姓名或名称、执行事务合伙人、承担责任方式、认缴或实际缴付的出资数额、缴付期限、出资方式等登记事项，相关申请文件的签名需要提交法定公证机构的公证。

◎ 变更

9. → 哪些变更事项需要公证申请文书中的签名？

答：（1）执行事务合伙人或委派代表；（2）认缴或实际缴付的出资数额；（3）出资方式；（4）缴付期限；（5）评估方式；（6）合伙人姓名或名称；（7）责任承担方式；（8）企业类型。

10. → 如果变更名称，需要提前做哪些工作？

答：首先应确定外资合伙企业变更后的类型（"普通合伙企业""有限合伙企业"或"特殊普通合伙企业"），然后对应变更合伙企业名称。若涉及合伙人发生变更的，在名称变更核准时应按照变更后的合伙人信息进行申请。

11. → 新增加台湾籍自然人作为外资合伙企业合伙人，提供台胞证作为身份证明，是否需要公证？

答：大陆公安部门颁发的台胞证可作为台湾地区自然人投资者的身份证明且无须公证。

12. → 新增外方合伙人，其住所证明是否可以提供其在中国大陆的房产证明？是否需要公证？

答：外国合伙人在中国有住所的，可以提交国内住所证明，无须公证。

13. → 外资合伙企业变更住所时有何要求？

答：参见第5页问题6。

14. → 对变更后为内资合伙企业经营范围有何要求？

答：外资合伙企业变更成为内资合伙企业不再受《外商

产业指导目录》限制，经营范围涉及许可项目须经相关部门核准的，应在取得许可后开展相关经营。

15. → 外资合伙企业可以变更企业组织形式吗？

答：根据《中关村国家自主创新示范区条例》中的规定，只有注册在中关村国家自主创新示范区一区十园的各类企业，根据发展需要才可以向工商行政管理部门申请转换组织形式；合伙企业可以转换为公司、个人的独资企业或者合伙企业分公司。

◎ 内资合伙企业变更为外资合伙企业

16. → 内资合伙企业是否可以变更为外资合伙企业？

答：内资合伙企业可以引入外国合伙人变更为外资合伙企业。

17. → 原合伙人全部退出，新合伙人加入，是签署出资转让协议吗？

答：北京地区不需要签署出资转让协议，应签署退伙协议、入伙协议等文件。深圳地区需要签署出资转让协议。其他地区因各地工商部门的执行尺度不统一，应以当地工商局的要求为准。

18. → 内资合伙企业变更为外资合伙企业，是按照内资合伙企业变更还是外资合伙企业变更来准备材料？

答：按照外资合伙企业变更的要求准备材料，但所有投资人亲笔签署的文件必须经中国境内法定公证机构公证，并向工商局提交公证书原件。

19. → 内资合伙企业变更为外资合伙企业需要特殊准备的文件是什么？

答：（1）外国合伙人公证认证文件，内容包括：外国合伙人的主体资格证明、住所证明。特别地，港澳地区投资者只需提供经当地公证机构出具的公证文件，无须认证；大陆公安部门颁发的台胞证可作为台湾地区自然人投资者的身份证明且无须公证。外国合伙人在中国有住所的，可以提交国内住所证明且无须公证认证。

（2）外国合伙人在当地金融机构开具的资信证明。特别地，如果外国自然人的开户行不支持为个人开具资信证明，该外国自然人曾经是中国居民，有过银行开户记录的，可以与工商局沟通，提供其在中国人民银行征信中心打印的个人信用报告作为资信证明使用。

（3）全体合伙人在有关申请文书中的签名应当经过法定公证机构的公证。

◎ 注销

20. → 外资合伙企业是否需要刊登注销公告？

答：政府法律法规中没有具体注明外资合伙企业注销是否需要提供注销公告，但在目前的法律实践中，无须提供该文件。

21. → 清算组成员如何组成？

答：《中华人民共和国合伙企业法》第八十六条规定：

"清算人由全体合伙人担任；经全体合伙人过半数同意，可以自合伙企业解散事由出现后十五日内指定一个或者数个合伙人，或者委托第三人，担任清算人。自合伙企业解散事由出现之日起十五日内未确定清算人的，合伙人或者其他利害关系人可以申请人民法院指定清算人。"

22. → 外资合伙企业注销时，若企业有剩余财产需要汇回到外方股东时需要到税务部门办理什么手续？

答：汇回资金大于5万美元则需要外商投资合伙企业所在国税部门办理《服务贸易等项目对外支付税务备案登记表》。

23. → 营业执照或公章丢失了可以办理注销登记吗？

答：不可以，需要先补办营业执照或公章后才可办理注销登记。企业应及时办理营业执照或公章丢失的登报手续。

2.6 外商投资企业分支机构

◎ 设立

1. → 分支机构和子公司有什么区别？

答：法律地位上，分支机构不具有法人资格，其民事责任由总公司承担；子公司具有法人资格，依法独立承担民事责任。

税收上，分支机构地税应办理独立核算，国税可以根据企业商业安排办理非独立核算或独立核算；子公司作为独立法人，国地税只能为独立核算。

2. → 如何给分支机构起名？

答：参见第57页问题1。

3. → 分支机构的经营范围有何规定？

答：外商投资企业分支机构的经营范围应不超出外商投资企业自身营业执照载明的经营范围。经营范围属于限制类行业的应由商务部门先行审批。

4. → 分支机构负责人的任职资格有何限制？

答：被锁入企业信用信息系统"警示信息"的人员，在锁入期间不能担任内资有限责任公司分支机构负责人。

5. → 选择外商投资企业分支机构住所（经营场所）时应注意哪些问题？

答：参见第42页问题6。

◎ 注销

6. → 外商投资企业及其分支机构注销的先后顺序是什么？

答：根据《公司登记管理条例》规定，有分支机构的企业申请注销登记时，还应当提交分支机构的注销登记证明。因此应先注销分支机构，再后注销外商投资企业。

7. → 分支机构注销是否需要刊登注销公告？

答：政府法律法规中没有具体注明外商投资企业分支机构注销是否需要提供注销公告，但在目前的法律实践中，无须提供该文件。

2.7　并购

1. → 外国投资者并购境内企业有几种方式?

　　答: 根据《关于外国投资者并购境内企业的规定》(商务部令2009年第6号)第二条的规定,有两种方式:一种是股权并购,指外国投资者购买境内非外商投资企业股东的股权或认购境内公司增资,使该境内公司变更设立为外商投资企业;另一种是资产产购,指外国投资者设立外商投资企业,并通过该企业协议购买境内企业资产且运营该资产,或,外国投资者协议购买境内企业资产,并以该资产投资设立外商投资企业运营该资产。

2. → 外国投资者并购境内企业,商务部门是备案管理还是审批管理?

　　答: 根据2017年7月30日商务部公布的《关于修改〈外商投资企业设立及变更备案管理暂行办法〉的决定》,外国投资者并购境内非外商投资企业以及对上市公司实施战略投资,凡不涉及特别管理措施和关联并购的,适用备案管理。办理流程为:第一步工商局审批,第二步商务委员会备案,第三部办理外汇业务登记凭证,第四步办理国地税变更。但是,若外国投资者并购涉及外商限制类经营范围的境内企业,则仍适用审批管理。

3. → 外国投资者并购境内企业需要经过发展改革委审批吗？

答：根据现行国家、北京市及各区发展改革委的规定，内资企业被并购变更为外资企业时，如现在或未来因业务发展的需要而涉及"生产、设备进出口、土地使用、购买房地产"，则需要经过发展改革委的前置立项审批，并且被并购后的外资企业所有变更事项均需经过发展改革委的审批。但因各地发展改革委的执行尺度不统一，其他地区会有不同的政策。

4. → 股权并购中投资方何时可以将认购增资款汇入标的企业，或者何时可将股权转让对价款支付给股权出让方？

答：股权并购中，需要先办理商务部门、工商局以及银行的登记，在领取银行外汇业务登记凭证后，

（1）属于增资认购股份的，标的企业需开立资本金账户后方可接受外国投资者的增资款；

（2）属于受让老股的，股权转让方需开立境内资产变现专用账户后方可接收外国投资者的股权转让对价款（转让方是自然人的情况应注意在外汇业务登记凭证办理前需要完成个人因此次股权转让取得收益的税务申报并缴纳个人所得税）。

5. → 外国投资者并购境内企业的对价依据是什么？

答：外国投资者并购境内企业交易对价应基于被并购企业经有资质的评估机构评估后的价格，在此基础上各地商务部门可接受不同程度的价格浮动。

REMINDER

关于外资企业股权转让对价审慎采用浮动金额的温馨提示

外资企业设立、变更时常常涉及外国投资者购买原股东股权跨境支付

对价的情形，根据不同项目的商业安排，比如业绩对赌、标的企业被政府相关部门处罚、涉诉赔偿等原因可能出现股权转让对价为一个不确定的价格，由此可能出现的隐患问题，特此温馨提示如下：

（一）股权转让对价为浮动金额是否可以办理商务部门备案/核准？拟修改股权转让对价如何进行备案/核准？

按照现行法律法规，标的企业经营范围不涉及外商投资准入负面清单的，商务部门仅对外资企业设立变更进行备案，不需要提交股权转让协议，企业自行填写确定性的股权转让对价，大多数地区商务部门不作实质性审核。若因项目商业安排需要调整股权转让对价的，相对于上一次股权转让事宜备案时间间隔短的（一般在一周到一个月内，各地商务部门掌握时间不一样），可尝试向商务部门提交情况说明申请变更备案，申报系统退回后进行信息更改；对于历时过长的，由于商务部备案申报系统设置的原因，单独就股权转让金额调整而进行的备案申请不属于商务部门的行政许可事项，一般难以进行股权转让价格调整备案，具体需要和办理当地商务部门确认。

标的企业经营范围涉及外商投资准入负面清单的，商务部门需对股权转让交易进行核准，要求提交股权转让协议等交易文件，对于浮动对价一般不予接受。

（二）股权转让对价为浮动金额是否可以办理工商登记？拟修改股权转让对价是否可以进行工商备案？

浮动金额的股权转让对价不一定可以办理工商登记，不同地区工商局掌握政策尺度不一样，需要与当地工商局一事一议。单独就股权转让金额调整而进行的备案申请不属于工商局的行政许可事项，需要与其他可以受理的行政许可事项一起办理，具体需要和办理当地工商局确认。

（三）股权转让对价为浮动金额是否可以办理外汇登记？拟修改股权转让对价是否可以进行外汇登记基本信息变更？

外汇业务登记时要求必须填写一个明确的股权转让对价金额，若涉及金额修改，部分地区外汇部门要求出具前置审批部门（商务部门、工商部门）的批准文件，而如前面所述，单独就股权转让金额调整而进行的备案申请不属于商务部门和工商局的行政许可事项，办理难度较大，只能提交真实性证明资料进行一事一议。

在法律实践中，若外汇系统中登记的股权转让金额因浮动对价原因导致未按照最初拟定金额实际完成交付，影响外汇系统对外国投资者股权的自动确权，从而影响外商投资企业未确权部分的股份分红、转让等事宜。

总而言之，外资企业股权交易尤其涉及跨境支付股权转让对价的，需审慎采用浮动金额定价。

6. → 外国投资者并购境内企业需要特别关注的几项审查是什么？

答：为加强外国投资者并购境内企业的审批监管，外国投资者并购境内企业项目需要进行安全审查及反垄断审查。并购交易经所属商务部门初步审核后认为涉及安全审查或反垄断审查的，企业需要向商务部提交安全审查或反垄断审查的文件，经商务部核准后方可进行外资并购审批。

<hr>

REMINDER

关于外资并购安全审查的温馨提示

近期，商务部加强了外国投资者并购境内企业的审批监管，北京市所有区县商务委受理的外国投资者并购境内企业审批案件，需要向北京市商务委备案，由北京市商务委签发外商投资企业批准证书，同时加强了外国投资者并购境内企业安全审查的监管，被并购标的企业需要如实填写《并购企业登记表》并加盖标的企业公章，具体需要关注的内容如下。

1. 安全审查法律依据：

（1）商务部颁布的《安全审查行业表》，涉及农业、服务业、制造业。

（2）科学技术部、国家发展改革委、国防科工委、财政部、商务部、国家质检总局、国家知识产权局、总装备部《关于印发〈我国应掌握自主知识产权的关键技术和产品目录〉的通知》（国科发计字〔2006〕540号），涉及11个重点技术领域、50个技术方向、119个关键技术和产品。

2．需要如实填写的重要事项：

（1）是否涉及安全审查内容；

（2）企业拥有的自主知识产权关键技术；

（3）外国投资者并购境内企业安全审查说明函。

请仔细检查被并购企业在公开可以查询的网站、新闻、公告、媒体等资料和外资并购申报文件中是否触发上述安全审查范围，如果涉及则该并购交易的审批需要提交商务部核准。

REMINDER

关于外资并购反垄断申报的温馨提示

近期，商务部加强了外国投资者并购境内企业的审批监管，根据《中华人民共和国反垄断法》和《国务院关于经营者集中申报标准的规定》，触发申报标准的经营者集中应当事先向商务部提交外国投资者并购境内企业反垄断申报，具体需要关注的内容如下。

1．经营者集中达到下列标准之一的，经营者应当事先向商务部申报，未申报的不得实施集中：

（1）参与集中的所有经营者上一会计年度在全球范围内的营业额合计超过100亿元人民币，并且其中至少两个经营者上一会计年度在中国境内的营业额均超过4亿元人民币；

（2）参与集中的所有经营者上一会计年度在中国境内的营业额合计超过20亿元人民币，并且其中至少两个经营者上一会计年度在中国境内的营业额均超过4亿元人民币；

（3）经营者集中未达到上述规定的申报标准，但按照规定程序收集的事实和证据表明该经营者集中具有或者可能具有排除、限制竞争效果的，国务院商务主管部门应当依法进行调查。

2．经营者集中有下列情形之一的，可以不向商务部申报：

（1）参与集中的一个经营者拥有其他每个经营者百分之五十以上有表决权的股份或者资产的；

（2）参与集中的每个经营者百分之五十以上有表决权的股份或者资产被同一未参与集中的经营者拥有的。

申报分为："经营者集中反垄断审查申报"和"经营者集中简易案件反垄断审查申报"，符合简易案件适用标准请参考《关于经营者集中简易案件适用标准的暂行规定》（商务部公告2014年第12号）。

请仔细检查并购一方企业和境外并购方企业在公开可以查询的网站、新闻、公告、媒体等资料以及外资并购申报文件中是否触发上述反垄断审查申报范围，如果触发，则该并购交易的审批需要先提交商务部反垄断局进行反垄断审查。

7. → 在国家进一步深化改革、简政放权的背景下，非外商投资企业通过并购、战略投资等方式转变为外商投资企业，商务部在监管上有何变化趋势？

答：商务部在监管上有进一步放松趋势。例如，2017年5月27日商务部发布了《外商投资企业设立及变更备案管理办法（征求意见稿）》，公开向社会征求意见。在该征求意见稿中规定，因并购、战略投资等方式非外商投资企业转变为外商投资企业的，商务部门对其实行备案管理。

8. → 外商投资企业盈利未满三年是否可以变更为外商投资股份有限公司？

答：中外合资经营企业、中外合作经营企业、外资企业申请转变为外商投资股份有限公司时，审批机关依照《中华人民共和国公司法》执行，不再要求"应有最近连续三年的盈利记录"。

2.8 年报

◎ 商务委员会等部门联合年报

1. → 外资企业有哪几项必须报备的常见年报？

答：外资企业每年应在国家有关部门规定的时限内正确、

及时完成三项年报工作：工商年报，商务部、财政部、税务总局、统计局联合年报，以及外汇存量权益登记年报。（注：各监管部门每年可能要求企业另行报备特定信息。）

2. → 什么是外资企业的联合年报？

答：由商务部、财政部、税务总局、统计局一同开展，要求外资企业对上一年度的经营信息进行报告。

3. → 联合年报每年应在什么时间进行申报？

答：每一年度的联合年报时间不一样，通常在每年4月前通知年报时间，申请时间一般为年中左右，以当年实际通告的时间为准。

4. → 外资企业如何进行联合年报的申报？

答：通过登录"商务部业务系统统一平台（全国外商投资企业年度投资经营信息联合报告）"，网址为：http://www.lhnj.gov.cn/。

5. → 联合年报需要填报什么信息？

答：更新填报人信息及密码；企业基本情况；投资情况；经营情况；境内外投资及分支机构情况；其他报表。

6. → 联合年报的申报部门是否对联合年报内容进行核查？若外资企业没有及时申报联合年报，会有什么后果？

答：会进行核查。对未按时、如实申报年度报告或在生产经营活动中存在违法、违规行为的企业，联合年报各申报部门将密切沟通并按照各自职能依法处理。

◎ 工商年报

7. → 外资企业的工商年报与内资企业的工商年报有何不同？

答：没有区别。

◎ 存量权益登记

8. → 什么是外资企业的存量权益登记？

答：外商投资企业或境外投资企业（含境内居民个人在境外设立的特殊目的公司）的境内主体应自行或委托会计师事务所、银行向所在地外汇局报送上年末境内外存量权益数据，称为存量权益登记。

9. → 外资企业存量权益登记每年应在什么时间进行申报？

答：《国家外汇管理局关于进一步简化和改进直接投资外汇管理政策的通知》（汇发〔2015〕13号）附件《直接投资外汇业务操作指引》中规定，"境外投资企业（含境内居民个人在境外设立的特殊目的公司）的境内投资主体应于每年1月1日至9月30日（含）期间，通过外汇局资本项目信息系统企业端、银行端或事务所端向外汇局报送上年度境外企业资产、负债和所有者权益相关数据信息。"

在法律实践中，每年需要根据外汇管理局发布的通知更新办理时间。

在北京地区，国家外汇管理局北京外汇管理部《关于2017年度直接投资存量权益登记相关政策的工作提示》规定，"自2017年起，国家外汇管理局资本项目司要求辖内相关市场主体应于6月30日（含）前，自行或委托会计师事务所、银行通过外汇局资本项目信息系统报送上年度直接投资存量权益数据。"

10. → 外资企业如何进行存量权益登记?

答：登录"国家外汇管理局网上服务平台"进行登记，网址为：http://asone.safesvc.gov.cn/asone/。

11. → 存量权益登记需要填报什么信息?

答：与企业相关的财务数据。

12. → 外资企业是否必须参加存量权益登记? 如果企业没有经营，或者没有跨境资本流动，是否需要参加存量权益登记?

答：外资企业必须每年按时参加外汇存量权益登记，即使没有经营或者没有跨境资本流动也需要参加。

13. → 若外资企业没有及时参加存量权益登记，会有什么后果?

答：如果没有及时参加，会暂停外资公司的所有外汇业务，补申报后方可解锁。

14. → 除了每年的存量权益登记，其他时间若发生跨境资本流动等事项，是否需要向银行进行任何登记?

答：外资企业按照相关外汇规定办理外汇登记后方可进行跨境资本流动。

REMINDER

2017 年度企业常见年报的温馨提示

年报已成为政府各监管部门加强事中、事后监管的重要方式，不按时进行年报将影响企业的正常经营。为此特将企业主要涉及的年报信息整理如下：

政府监管部门	参加年报主体范围	报告时间	填报系统名称	填报内容（2016年度）	未按时年报的后果
工商局	2016年12月31日前成立的企业	2017年1月1日至6月31日，北京地区使用虚拟地址注册的企业须在3月31日前完成年报	企业信用信息公示系统	企业基本信息、投资信息、经营信息。从2017年1月1日起，增加"参保险种类型、单位参保人数、单位缴费基数、本期实际缴费金额、单位累计欠缴金额"5项社保事项和"主营业务活动、女性从业人员、企业控股情况、分支机构隶属母公司的统一社会信用代码"4项统计事项。	企业一次失信，将处处受限。列入经营异常名录之后，企业会在政府采购、工程招投标、国有土地出让、授予荣誉称号、银行贷款、签订合同、法定代表人出国签证等方面受到影响。
外汇局	1. 2016年12月31日前成立的外商投资企业 2. 2016年12月31日前完成境内企业境外投资外汇业务登记的境内主体 3. 境内居民个人在境外控制或持有的第一层特殊目的公司	2017年1月1日至6月30日	资本项目信息系统（ASONE系统）	1&2. 境外直接投资存量权益信息。 3.上年度境内企业资产、负债、和所有者权益相关数据信息。	1&2. 未办理存量权益登记的企业，外汇局在资本项目信息系统中将对其进行业务管控，银行不得为其办理资本项下外汇业务。在按要求补报并向外汇局出具说明函说明合理理由后，外汇局取消业务管控，对涉嫌违反外汇管理规定的，依法进行行政处罚。 3. 外汇局按相关程序通过资本项目信息系统业务管控暂停该境内居民个人境外投资外汇登记的相关业务，并依法进行处理。在按要求补报并向外汇管理部门出具说明函说明合理理由后，外汇管理部门取消业务管控，对涉嫌违反外汇管理规定的，依法进行行政处罚。
商务部、财政部、税务总局、统计局	2016年12月31日前成立的外商投资企业	参考时间：4～8月，以具体通知为准	全国外商投资投资经营信息网上联合报告及共享系统	基本信息、投资信息、经营信息	通过全国外商投资企业年度经营信息联合报告公示平台向社会公示，提醒其履行义务，情节严重的，由有关部门依照有关法律、行政法规规定给予行政处罚；造成他人损失的，依法承担赔偿责任；构成犯罪的，依法追究刑事责任。
商务部	《企业境外投资证书》发证日期为2016年12月31日前的境内主体	参考时间：5～8月，以各地商务部门通知为准	对外投资合作信息服务系统	境内外企业基本信息、经营信息	未按时报送统计年报报表的企业，不得申请对外援助成套项目施工任务实施企业资格及对外经济技术合作专项资金。商务主管部门对未按时年报的企业会进行业务管控，影响境内企业境外投资项目备案、核准。

3. 外国（地区）企业常驻代表机构

3.1 设立

1. → 什么是外国（地区）企业常驻代表机构？

答：外国（地区）企业常驻代表机构（以下简称常驻代表机构），是指外国企业依照《外国企业常驻代表机构登记管理条例》（国务院令第584号）规定，在中国境内设立的从事与该外国企业业务有关的非营利性活动的办事机构。代表机构不具有法人资格。

2. → 常驻代表机构设立、变更及注销的登记审批机关是哪个部门？

答：《外国企业常驻代表机构登记管理条例》（国务院令第584号）规定，"省、自治区、直辖市人民政府工商行政管理部门是代表机构的登记和管理机关"，设立常驻代表机构或常驻代表机构登记事项发生变更应当向省、自治区、直辖市人民政府工商行政管理部门申请设立或变更登记。在北京，常驻代表机构设立、变更及注销的登记审批机关是北京市工商局。

3. → 常驻代表机构的设立及变更，是否需要向社会公告？

答：需要通过《中国工商报》向社会公告。申请人可以在领取登记证后，自行到报社办理公告手续，也可以在北京市工商行政管理局领取登记证时，在中国工商报社委托在登记大厅的联络点进行公告费用的现金缴费，领取《外国（地区）企业常驻代表机构设立登记公告联系单》，并填写和递交《外国（地区）企业常驻代表机构缴纳公告费记录单》进行办理。

4. → 哪些行业设立常驻代表机构需要进行前置审批？

答：以北京市为例，根据北京市工商行政管理局的规定，在工商行政管理部门进行设立登记前，应按照业务性质，报北京市商务局或国务院相关主管委、部、局批准。并在工商行政管理部门进行设立登记时，需要提交国务院有关委、部、局或北京市商务局颁发的有效期（自签发之日起30日）以内的《批准证书》原件。

但是，外国广告企业、医药类企业、贸易企业、制造企业、货运代理企业、承包企业、咨询企业、投资企业、租赁企业、铁路运输企业等不需要报经有关部门审批，可直接到工商机关办理常驻代表机构的登记注册。凡不涉及以上行业的外国企业设立常驻代表机构需报北京市商务局或国务院相关主管委、部、局进行前置审批。

5. → 设立常驻代表机构对其隶属企业有什么要求？

答：以北京市为例，根据北京市工商行政管理局的规定，常驻代表机构所隶属的外国派出企业，需要为存续两年以上的合法开业经营的企业。

根据《关于审批和管理外国企业在华常驻代表机构的实施细则》（外经贸部令1995年第3号），外国企业设立常驻代表机构需要满足，"该外国企业必须在所在国合法注册，该外国企业必须具有良好的商业信誉"。

6. → 设立常驻代表机构对委派代表人数是否有要求？

答：根据《外国企业常驻代表机构登记管理条例》（国务院令第584号）规定，外国企业应当委派一名首席代表。外国企业可以根据业务需要，委派1至3名代表。常驻代表机构的代表人数总数不得超过4人，经审批机关批准的除外。

7. → 工商局对中国籍和外国籍代表及首席代表有什么特殊要求？

答：以北京市为例，根据北京市工商行政管理局的规定，由中国公民（仅指大陆人员）担任常驻代表机构首席代表或代表的，还应由外事服务单位出具派遣函。外事服务单位包括：北京外企服务集团有限责任公司、中国四达国际经济技术合作公司、中国国际技术智力合作公司、诚通人力资源有限公司、中国国际人才开发中心、北京外航服务公司等。

8. → 常驻代表机构是否可以聘用员工并与其签署劳动合同？

答：《关于管理外国企业常驻代表机构的暂行规定》（国发〔1980〕272号）第十一条规定："常驻代表机构租用房屋、聘请工作人员，应当委托当地外事服务单位或者中国政府指定的其他单位办理。"

因此，常驻代表机构不具有直接聘用员工的资格，需要委托外事服务单位或其他指定单位聘用员工，员工与这些具有劳务派遣资质的第三方签署劳动合同，并相应地由其进行工资发放、"五险一金"缴纳等。

9. → 对于常驻代表机构的驻在期限是否有要求？

答：《外国企业常驻代表机构登记管理条例》第十六条

规定："代表机构的驻在期限不得超过外国企业的存续期限。"

10. → 对于常驻代表机构的经营活动有什么特殊要求？

答：《外国企业常驻代表机构登记管理条例》第十三条规定："代表机构不得从事营利性活动。中国缔结或者参加的国际条约、协定另有规定的，从其规定，但是中国声明保留的条款除外。"

第十四条规定："代表机构可以从事与外国企业业务有关的下列活动：（一）与外国企业产品或者服务有关的市场调查、展示、宣传活动；（二）与外国企业产品销售、服务提供、境内采购、境内投资有关的联络活动。法律、行政法规或者国务院规定代表机构从事前款规定的业务活动须经批准的，应当取得批准。"

按照中国缔结或者参加的国际条约、协定规定可以设立从事营利性活动的代表机构的，还应当依法提交相应文件。

若代表机构未按上述要求从事符合规定的经营活动，根据《外国企业常驻代表机构登记管理条例》第三十五条规定："未经登记，擅自设立代表机构或者从事代表机构业务活动的，由登记机关责令停止活动，处以5万元以上20万元以下的罚款。代表机构违反本条例规定从事营利性活动的，由登记机关责令改正，没收违法所得，没收专门用于从事营利性活动的工具、设备、原材料、产品（商品）等财物，处以5万元以上50万元以下罚款；情节严重的，吊销登记证。"

第三十七条规定："代表机构违反本条例第十四条规定从事业务活动以外活动的，由登记机关责令限期改正；逾期未改正的，处以1万元以上10万元以下的罚款；情节严重的，吊销登记证。"

11. → 办理常驻代表机构的设立登记时，哪些申请材料需要进行公证认证？

答：以北京市为例，根据北京市工商行政管理局的规定，以下材料需要在办理常驻代表机构的设立登记时进行公证认证：

（1）派出企业所在国（地区）登记机关颁发的存续两年以上的合法开业证明复印件。

（2）与派出企业有业务往来的金融机构出具的资信证明原件。

（3）外国（地区）企业的章程或者组织协议。

（4）外国（地区）企业出具的对有权签字人的授权或证明文件。

（5）外国（地区）企业有权签字人签署的首席代表和代表授权书（或委任书）。

（6）首席代表和代表的身份证明。

公证认证的要求是：须经该国（地区）公证机关公证和中华人民共和国驻该国（或代管该地区）使领馆进行认证。港澳地区应依法经当地公证机构公证，并由中国法律服务（香港）有限公司或中国法律服务（澳门）有限公司加盖转递专用章转递。台湾地区应由当地公证机关公证。申请人应在相关公证认证文件出具之日起6个月内办理登记手续。

12. → 常驻代表机构需要开立哪种账户？

答：代表机构应开立外币结算户，及人民币基本户和一般户。

13. → 常驻代表机构是否可以买车？

答：常驻代表机构可以参与"北京市小客车指标申请"，只要摇号中签即可购车并登记为北京牌照。

14. → 工商局是否对常驻代表机构进行实地核查？

答：是的，工商局会不定期对常驻代表机构进行驻在场所实地核查。

3.2 变更

1. → 常驻代表机构哪些变更事项需要去工商局进行登记？

答：变更登记事项：变更名称；变更驻在场所；变更业务范围；变更首席代表；变更驻在期限；变更外国（地区）企业驻在地址。

备案登记事项：外国（地区）企业有权签字人备案；外国（地区）企业责任形式、资本（资产）、经营范围备案；代表备案。

2. → 办理常驻代表机构的变更事项的登记时，哪些申请材料需要进行公证认证？

答：以北京市为例，根据北京市工商行政管理局的规定，对于以下各变更事项，有以下材料需要进行公证认证：

（1）变更名称的变更登记：派出企业所在国（地区）登记机关颁发的存续两年以上的合法开业证明（名称变更证明）以及与该派出企业有业务往来的金融机构出具的资信证明（原件），需要进行公证认证。

（2）变更首席代表的变更登记：外国（地区）企业有权签字人签署的首席代表的任免文件及首席代表的身份证明（凡属接替原首席代表的，应说明原首席代表去留及任职情况），需要进行公证认证。

（3）变更驻在期限的变更登记：外国企业所在国家或者地区有关部门出具的外国企业存续2年以上的主体资格证明及外国（地区）企业有业务往来的金融机构出具的资本信用证明原件，需要进行公证认证。

（4）变更外国（地区）企业驻在地址的变更登记：外国（地区）企业所在国家（地区）法定登记机关出具的准予驻在地址变更的证明文件，需要进行公证认证。

（5）变更外国（地区）企业有权签字人的备案登记：外国（地区）企业出具的对有权签字人的授权或证明文件，需要进行公证认证。

（6）变更外国（地区）企业责任形式、资本（资产）、经营范围的备案登记：外国（地区）企业责任形式、资本（资产）、经营范围发生变动的证明文件，需要进行公证认证。

（7）变更代表的备案登记：外国（地区）企业有权签字人签署的代表任免文件及新任代表的身份证明（凡属接替原代表的，应说明原代表去留及任职情况），需要进行公证认证。

公证认证的要求是：需经该国（地区）公证机关公证和中华人民共和国驻该国（或代管该地区）使领馆进行认证。港澳地区应依法经当地公证机构公证，并由中国法律服务（香港）

有限公司或中国法律服务（澳门）有限公司加盖转递专用章转递。台湾地区应由当地公证机关公证。申请人应在相关公证认证文件出具之日起六个月内办理登记手续。

3. → 常驻代表机构登记证的有效期是多久，如何进行更新或延期？

答：常驻代表机构登记证最长有效期为10年，按照变更驻在期限进行更新或延期申请。

4. → 常驻代表机构的登记证或代表证丢失，是否可以补办？

答：常驻代表机构的登记证或代表证丢失的，可以申请补办登记证或代表证。补办时需提交《中国工商报》上登载证件挂失作废声明的报样、首席代表签署的情况说明、《指定（委托）书》和《更换、增（减）、补营业证照申请表》。

3.3　注销

1. → 什么情况下，常驻代表机构需要办理注销登记？

答：《外国企业常驻代表机构登记管理条例》第三十二条规定："有下列情形之一的，外国企业应当在下列事项发生之日起60日内向登记机关申请注销登记：（一）外国企业撤销代表机构；（二）代表机构驻在期限届满不再继续从事业务活动；（三）外国企业终止；（四）代表机构依法被撤销批准或者责令关闭。"

2. → 常驻代表机构的注销，是否需要向社会公告？

答：《外国企业常驻代表机构登记管理条例》第二十条规定："代表机构注销或者被依法撤销设立登记、吊销登记证的，由登记机关进行公告。"

登记机关指的是省、自治区、直辖市人民政府工商行政管理部门。

3.4　年报

1. → 常驻代表机构是否需要参加工商年报？

答：《外国企业常驻代表机构登记管理条例》第六条规定："代表机构应当于每年3月1日至6月30日向登记机关提交年度报告。年度报告的内容包括外国企业的合法存续情况、代表机构的业务活动开展情况及其经会计师事务所审计的费用收支情况等相关情况。"

2. → 常驻代表机构未按要求参加工商年报，会有什么后果？

答：根据《外国企业常驻代表机构登记管理条例（2013年修正本）》的规定，未按规定提交年度报告的，由登记机关责令限期改正，处以1万元以上3万元以下的罚款；逾期未改正的，吊销登记证。

并且，提交的年度报告若隐瞒真实情况、弄虚作假的，由登记机关责令改正，对代表机构处以2万元以上20万元以下的罚款；情节严重的，吊销登记证。

4. 股权出质

4.1 内资企业股权出质

1. → 内资企业注册资本未缴付是否可以办理股权出质?

答: 有限责任公司注册资本未实际缴付可以办理股权出质, 股份有限公司注册资本未实际缴付不可以办理股权出质。

2. → 内资企业是否可以将全部股权出质?

答:《工商行政管理机关股权出质登记办法(2016修正本)》第五条规定: "申请出质登记的股权应当是依法可以转让和出质的股权。对于已经被人民法院冻结的股权, 在解除冻结之前, 不得申请办理股权出质登记。" 若符合该规定的要求, 内资企业可以将全部股权出质。

3. → 内资企业是否可以将股权质押给境外企业?

答: 内资企业可以将股权质押给境外企业。

4.2 外资企业股权出质

1. → 外资企业注册资本未缴付是否可以办理股权出质?

答: 有限责任公司注册资本未实际缴付可以办理股权出质,

股份有限公司注册资本未实际缴付不可以办理股权出质。

2. → 外资企业是否可以将全部股权出质?

答：《工商行政管理机关股权出质登记办法（2016修正本）》第五条规定，"申请出质登记的股权应当是依法可以转让和出质的股权。对于已经被人民法院冻结的股权，在解除冻结之前，不得申请办理股权出质登记。" 若符合该规定的要求，外资企业可以将全部股权出质。

3. → 外资企业的股东是否可以将部分股权出质给境内自然人?

答：根据《中外合资经营企业法实施条例》的规定，合营企业的中方投资者应为合法的公司、企业或其他经济组织。根据《境内自然人在浦东新区投资设立中外合资、中外合作经营企业管理办法》第一条规定，"允许境内自然人按照平等互利的原则，在浦东新区试点同外国公司、企业、其他经济组织或个人共同举办中外合资、中外合作经营企业。"因此注册地址位于上海自贸区、浦东新区的中外合资企业，中国公民可以以自然人身份出资。当且仅当外资企业是注册在上海自贸区、浦东新区时，外资企业的股东可以将部分股权质押给境内自然人。

4. → 外资企业股权出质是否需要先去商务部门备案?

答：北京地区已不需要先到商务部门备案。但各地工商部门的执行尺度不统一，各地区政策也不同。

5. 外债

5.1　外债登记

1.→ 什么是外债？什么是外债登记？

　　答：根据国际货币基金组织和世界银行的定义，外债是任何特定的时间内，一国居民对非居民承担的具有契约性偿还责任的负债。根据我国国家外汇管理局的定义，外债的统计范围包括居民对非居民承担的具有契约性偿还义务的全部债务。外债登记是指债务人按规定借用外债后，应按照《外债登记管理办法》规定的方式向举借外债的企业注册所在地外汇局登记或报送外债的签约、提款、偿还和结售汇等信息。根据债务人类型实行不同的外债登记方式。

2.→ 外债的分类有哪几种？

　　答：根据《国家外汇管理局关于发布〈外债登记管理办法〉的通知》（汇发〔2013〕19号）的附件2《外债登记管理操作指引》中的规定，外债可进行以下分类：

　　（1）按照各部门外债管理职能分工，外债可分为外国政府贷款、国际金融组织贷款和国际商业贷款。

　　（2）按照债务人类型，外债可分为代表国家举借并以国家信用保证对外偿还的主权外债以及由境内其他机构借用的非主权外债。非主权外债可分为银行外债、非银行金融机构外债、中资企业外债、外商投资企业外债和其他机构外债。

（3）按照债权人类型，外债可分为：

① 向外国政府、国际金融组织和政策性金融机构借款；

② 向境外银行和其他金融机构借款；

③ 向境外企业和自然人借款。

（4）按照债务工具类型，外债可分为：

① 直接贷款（包括境外机构提供的买方或卖方信贷，银行的同业拆借、同行往来等）；

② 境外发行的标准化债务工具，如中长期债券（含可转换债券）、短期债券（含商业票据、大额可转让存单等）；

③ 境内银行吸收的非居民存款，境内银行对外开立的远期信用证、委托境外银行办理的海外代付或其他具有相似性质的负债类银行贸易融资；

④ 以实物形式办理提款而形成的金融性债务，如融资租赁、补偿贸易中用现汇偿还的债务、贵金属拆借等；

⑤ 境内机构在对外货物或服务贸易中产生的预收款、应付款等企业间贸易信贷。

（5）按照外债的签约期限，外债可分为短期外债和中长期外债。

① 短期外债是指债务人和债权人签订的约定还款期限在1年以下（含）的外债；

② 中长期外债是指债务人和债权人签订的约定还款期限在1年以上（不含）的外债。"

3. → 外债的登记机关是什么部门？应在借款合同签署后多长时间内进行登记？

答：根据《国家外汇管理局关于发布〈外债登记管理办法〉的通知》（汇发〔2013〕19号）的附件2《外债登记管理

操作指引》中的规定，"除财政部门、银行以外的其他境内债务人（以下简称'非银行债务人'），应当在外债合同签约后15个工作日内，到所在地外汇局办理外债签约登记手续。办理外债签约登记后，外汇局应发给债务人加盖资本项目业务印章的《境内机构外债签约情况表》。"

4. → 不做外债登记有什么后果？

答：不做外债登记会有相应处罚。根据《国家外汇管理局关于发布〈外债登记管理办法〉的通知》（汇发〔2013〕19号）的附件1《外债登记管理办法》第二十四条规定："外债资金非法结汇的，依照《外汇管理条例》第四十一条进行处罚。"第二十五条规定："有擅自对外借款或在境外发行债券等违反外债管理行为的，依照《外汇管理条例》第四十三条进行处罚。"第二十七条规定："有下列情形之一的，依照《外汇管理条例》第四十八条进行处罚：（一）未按照规定进行涉及外债国际收支申报的；（二）未按照规定报送外债统计报表等资料的；（三）未按照规定提交外债业务有效单证或者提交的单证不真实的；（四）违反外债账户管理规定的；（五）违反外债登记管理规定的。"

《外汇管理条例》第四十一条规定："违反规定将外汇汇入境内的，由外汇管理机关责令改正，处违法金额30%以下的罚款；情节严重的，处违法金额30%以上等值以下的罚款。非法结汇的，由外汇管理机关责令对非法结汇资金予以回兑，处违法金额30%以下的罚款。"第四十三条规定："有擅自对外借款、在境外发行债券或者提供对外担保等违反外债管理行为的，由外汇管理机关给予警告，处违法金额30%以下的罚款。"第四十八条规定："有下列情形之一的，由外汇管理机关责令改正，给予警告，对机构可以处30万元以下的罚款，对个人可以处5万元以下的罚款：（一）未按照规定进行国际收支统计申报的；（二）未按照规定报送财务会计报告、统计报表等资料的；（三）未按照规定提交有效单证或者提交的单证不真实的；（四）违反外汇账户管理规定的；（五）违反外汇登记管理规定的；（六）拒绝、阻碍外汇管理机关依法进行监督检查或者调查的。"

5. → 外债登记可以补办吗？

答： 根据《国家外汇管理局关于发布〈外债登记管理办法〉的通知》（汇发〔2013〕19号）附件2《外债登记管理操作指引》的规定，"非银行债务人签订借款合同后未按规定及时办理外债签约登记的，须按以下规定办理外债签约补登记：（1）非银行债务人外债合同签约后15个工作日内没有及时办理签约登记，但截至非银行债务人申请日尚未发生外债首次提款的，如能说明合理原因，外汇局可按正常程序为其办理签约登记手续；不能说明合理原因的，外汇局可按未及时办理外债签约登记进行处理。（2）非银行债务人办理外债补登记时，已发生外债提款的，除按照本操作指引的一般要求提交相关资料外，还需提交能够证明其已发生对外负债的相关材料，补登记金额仅限于经核实已入账尚未偿还的债务余额。（3）外债登记部门认为存在违规情形且需要进行处理的，应移交外汇检查部门后再办理外债补登记手续。"

6. → 哪些境内企业可以跨境融资？

答： 根据《中国人民银行关于在全国范围内实施全口径跨境融资宏观审慎管理的通知》的规定，依法在中国境内成立的非金融企业且不包括政府融资平台和房地产企业，和经中国人民银行、中国银行业监督管理委员会、中国证券监督管理委员会及中国保险监督管理委员会批准设立的各类法人金融机构，可以跨境融资。

7. → 外债可以向谁举借？

答：根据《国家外汇管理局关于发布〈外债登记管理办法〉的通知》（汇发〔2013〕19号）的附件2《外债登记管理操作指引》中的规定，外债可以"①向外国政府、国际金融组织和政策性金融机构借款；②向境外银行和其他金融机构借款；③向境外企业和自然人借款"。

8. → 外债可以举借多少？如何进行计算？

答：根据《国家外汇管理局关于发布〈外债登记管理办法〉的通知》（汇发〔2013〕19号）的附件2《外债登记管理操作指引》中的规定，"外商投资企业借用外债应同时符合以下条件：

（1）除另有规定外，外商投资企业借用的短期外债余额和中长期外债发生额之和不得超过商务主管部门批准的投资总额与其注册资本的差额（以下简称'投注差'）。外保内贷项下担保人发生履约后形成的境内机构对外债务，按短期外债纳入'投注差'控制。（2）外商投资企业首次借用外债之前，其外方股东至少已经完成第一期资本金的缴付。（3）外商投资企业借用外债时，其外方股东应当缴付的资本符合出资合同或企业章程约定的期限、比例或金额要求。（4）外商投资企业实际可借用外债额度等于外方股东资本金到位比例乘以'投注差'。"

"外商投资企业的中长期外债办理展期，或借用新的中长期外债偿还过去借用的中长期和短期外债时，在不增加该企业现有外债本金余额和不办理结汇的前提下，不重复占用外商投资企业的'投注差'。"

内资企业举借外债（跨境融资）额度根据《中国人民银行关于在全国范围内实施全口径跨境融资宏观审慎管理的通知》中的规定计算，"跨境融资风险加权余额上限=资本或净资产×跨境融资杠杆率×宏观审慎调节参数。资本或净资产：企业按净资产计，银行类金融机构（包括政策性银行、商业银行、农村合作银行、城市信用合作社、农村信用合作社、外资银行）按一级资本计，非银行金融机构按资本（实收资本或股本+资本公积）计，以最近一期经审计的财务报告为准。跨境融资杠杆率：企业和非银行金融机构为1，银行类金融机构为0.8。宏观审慎调节参数：1。"

9. → 外债可以举借多长时间？

答：根据《国家外汇管理局关于发布〈外债登记管理办法〉的通知》（汇发〔2013〕19号）的附件2《外债登记管理操作指引》中的规定，按照外债的签约期限，外债可分为短期外债和中长期外债，"（1）短期外债是指债务人和债权人签订的约定还款期限在1年以下（含）的外债；（2）中长期外债是指债务人和债权人签订的约定还款期限在1年以上（不含）的外债。"

10. → 外债资金应该存放在哪种账户中？其用途可以是什么？

答：《国家外汇管理局关于发布〈外债登记管理办法〉的通知》（汇发〔2013〕19号）的附件1《外债登记管理办法》

第三章第十一条规定："境内银行借用外债，可直接在境内、外银行开立相关账户，直接办理与其外债相关的提款和偿还等手续。"

第十二条规定："非银行债务人在办理外债签约登记后，可直接向境内银行申请开立外债账户。非银行债务人可开立用于办理提款和还款的外债专用账户，也可根据实际需要开立专门用于外债还款的还本付息专用账户。"

第十四条规定："外商投资企业借用的外债资金可以结汇使用。除另有规定外，境内金融机构和中资企业借用的外债资金不得结汇使用。

第十五条规定："债务人在办理外债资金结汇时，应遵循实需原则，持规定的证明文件直接到银行办理。银行应按照有关规定审核证明文件后，为债务人办理结汇手续。"

第十六条规定："债务人借款合同中约定的外债资金用途应当符合外汇管理规定。短期外债原则上只能用于流动资金，不得用于固定资产投资等中长期用途。"

11. → 举借人民币外债，以跨境人民币形式汇入并提款的是否需要向所在地外汇局申请开立外债专用账户？

答：根据《关于规范跨境人民币资本项目业务操作有关问题的通知》（汇综发〔2011〕38号），"人民币外债境内机构（含金融机构）借用人民币外债，原则上按现行外债管理规定操作。境内机构（含金融机构）借用人民币外债以跨境人民币形式汇入并提款的，无须就该笔外债资金向所在地外汇局申请开立外债专用账户。"

关于外资企业举借人民币外债的温馨提示

2011年1月6日中国人民银行颁布了《境外直接投资人民币结算试点管理办法》（中国人民银行公告〔2011〕第1号），2012年6月29日签发了《中国人民银行关于明确外商直接投资人民币结算业务操作细则的通知》（银发〔2012〕165号）；2011年4月7日国家外汇管理局综合司签发了《关于规范跨境人民币资本项目业务操作有关问题的通知》（汇综发〔2011〕38号）。需要关注的事项如下：

一、申请文件的特殊性

1．与外资企业举借外币外债相比，需要额外向外汇局以及通过外债账户开户银行向中国人民银行营业管理部跨境办（以下简称跨境办）提交《境外人民币资金来源说明》和《人民币外债资金使用说明》。

2．其中一个重要的境外人民币资金来源说明是：外国投资者在境外通过合法渠道取得的货币通过境外银行换汇取得的人民币，并提供境外银行相关换汇凭证。

3．需要向外汇局及跨境办承诺：所借人民币资金在政府审批部门批准的经营范围内使用，用于公司的日常经营活动；不用于境内股权投资，不用于购买非自用境内房地产，也不直接或间接用于投资有价证券和金融衍生品，也不用于委托贷款；按照国家外汇管理局关于支付结汇的管理规定执行。

二、审批流程

1．向外汇局申请办理《外债登记证》。

（1）需要提供《境外人民币资金来源说明》；

（2）需要提供《人民币外债资金使用说明》。

2．获得外汇局签发的《外债登记证》和《境内机构外债签约情况表》后，委托外债账户开户银行前往跨境办办理外资企业信息备案和外债审批入账。

（1）需要提供《境外人民币资金来源说明》和《人民币外债资金使用说明》；

（2）需要提供外汇局签发的《外债登记证》和《境内机构外债签约情况表》；

（3）需要提供委托外债账户开户银行前往跨境办办理外资企业信息备案和外债审批入账的《委托书》和《公函》；

（4）需要填写《企业信息情况表》《跨境业务人民币结算收款说明》《跨境业务人民币结算付款说明》的表格。

3．获得跨境办企业信息备案和外债审批入账后，申请在外债账户开户银行开立人民币外债专用账户。

4．外债入账后前往外汇局办理外债提款反馈。

5．外资企业可以使用人民币外债。

12. → 外债的利率是否有强制性约定？

答：根据《国家外汇管理局关于发布〈外债登记管理办法〉的通知》（汇发〔2013〕19号）的附件2《外债登记管理操作指引》中的规定，"非银行债务人可自行与境内银行或境外债权银行签订以锁定外债还本付息风险为目的，与汇率或利率相关的保值交易合同，并直接到银行办理交割。"在法律实践过程中，不得高于当期中国人民银行的贷款利率。

13. → 外债合同里没有约定提前还款条款，是否可以提前还款？

答：根据《国家外汇管理局关于发布〈外债登记管理办法〉的通知》（汇发〔2013〕19号）的附件2《外债登记管理操作指引》的规定，"提前还款时，应当审核贷款合同中关于提前还款的条款，且债权人、非银行债务人均同意提前还款，并由非银行债务人提出申请。"在法律实践中，在办理外债签约登记时，需要债务人在填写的《债务人签约情况表》中勾选提前还款条款，才可以办理提前还款。

14. → 注册资本没有缴齐的情况下可不可以借外债？能借外债的金额是多少？

答：可以。

根据《国家外汇管理局关于发布〈外债登记管理办法〉的通知》（汇发〔2013〕19号）的附件2《外债登记管理操作指引》的规定，"（1）除另有规定外，外商投资企业借用的短期外债余额和中长期外债发生额之和不得超过商务主管部门批准的投资总额与其注册资本的差额（以下简称'投注差'）。外保内贷项下担保人发生履约后形成的境内机构对外债务，按短期外债纳入'投注差'控制。（2）外商投资企业首次借用外债之前，其外方股东至少已经完成第一期资本金的缴付。（3）外商投资企业借用外债时，其外方股东应当缴付的资本符合出资合同或企业章程约定的期限、比例或金额要求。（4）外商投资企业实际可借用外债额度等于外方股东资本金到位比例乘以'投注差'。"

15. → 对于外商投资性公司、外商投资租赁公司、外商投资房地产企业等特殊类型企业，外债的举借额度有何特殊规定？

答：根据《国家外汇管理局关于发布〈外债登记管理办法〉的通知》（汇发〔2013〕19号）的附件2《外债登记管理操作指引》的规定："外商投资性公司的外债规模按以下原则管理：注册资本不低于3000万美元的，其短期外债余额与中长期外债发生额之和不得超过已缴付注册资本的4倍；注册资本不低于1亿美元的，其短期外债余额与中长期外债发生额之和不得超过已缴付注册成本的6倍。

"外商投资租赁公司对外借款，应根据外商投资租赁公司提供的上年度经审计的报表，计算出上年度末风险资产总额

（A），再计算净资产的10倍（B），然后将（B-A）作为新年度期间该公司可新借外债的余额的最高限额。借用外债形成的资产全部计算为风险资产。"

"外商投资房地产企业的外债按以下原则管理：（1）对2007年6月1日以后（含）取得商务主管部门批准证书且通过商务部备案的外商投资房地产企业，不予办理外债签约登记手续。（2）对2007年6月1日以前（不含）成立的外商投资房地产企业，可在原"投注差"范围内按相关规定举借外债；增资后'投注差'小于其增资前'投注差'的，以增资后'投注差'为准。（3）外商投资房地产企业注册资本未全部缴付的，或未取得《国有土地使用证》的，或开发项目资本金未达到项目投资总额35%的，不得借用外债，外汇局不予办理外债签约登记手续。"

"以下含有外国投资的境内机构，除另有规定外，其举借外债参照境内中资企业举借外债的规定办理：（1）外国投资者出资比例低于25%的境内企业；（2）投资总额与注册资本相等的外商投资企业；（3）外国投资者比例不低于25%，但未明确投资总额的外商投资企业。"

16.→ 企业跨区迁址时，对外债有什么处理方式？

答：企业跨省迁址时，在法律实践中应先向迁入地外汇局申请迁入登记，再向迁出地外汇局申请迁出登记。

5.2　外债展期

1.→ 外债即将到期有哪几种处理方式？

答：外债即将到期可以到当地外汇局办理外债展期、外债豁免、外债转增注册资本、外债注销。

2. → 外债到期前，是否可以提前偿还外债？

答：根据《国家外汇管理局关于发布〈外债登记管理办法〉的通知》（汇发〔2013〕19号）的附件2《外债登记管理操作指引》的规定，"提前还款时，应当审核贷款合同中关于提前还款的条款，且债权人、非银行债务人均同意提前还款，并由非银行债务人提出申请。"在法律实践中，在办理外债签约登记时，需要债务人在填写的《债务人签约情况表》中勾选提前还款条款，才可以办理提前还款。

3. → 外债合同到期后不能还款的情况下应该怎么做？

答：应该办理外债展期的变更登记。根据《国家外汇管理局关于发布〈外债登记管理办法〉的通知》（汇发〔2013〕19号）的附件2《外债登记管理操作指引》的规定，"已办理签约登记的外债合同主要条款发生变化，如期限（展期等）、金额、债权人等，非银行债务人应办理外债签约变更登记。"

4. → 外债合同到期后不做外债展期的变更登记对企业有何影响？

答：《国家外汇管理局关于发布〈外债登记管理办法〉的通知》（汇发〔2013〕19号）的附件1《外债登记管理办法》第二十七条规定："有下列情形之一的，依照《外汇管理条例》第四十八条进行处罚：（一）未按照规定进行涉及外债国际收支申报的；（二）未按照规定报送外债统计报表等资料的；（三）未按照规定提交外债业务有效单证或者提交的单证不真实的；（四）违反外债账户管理规定的；（五）违反外债登记管理规定的。"

《中华人民共和国外汇管理条例》第四十八条规定："有下列情形之一的，由外汇管理机关责令改正，给予警告，对机构可以处30万元以下的罚款，对个人可以处5万元以下的罚款：（一）未按照规定进行国际收支统计申报的；（二）未按照规定报送财务会计报告、统计报表等资料的；（三）未按照规定提交有效单证或者提交的单证不真实的；（四）违反外汇账户管理规定的；（五）违反外汇登记管理规定的；（六）拒绝、阻碍外汇管理机关依法进行监督检查或者调查的。"

5.3　外债豁免

1. → 在外汇管理局办理外债豁免需要提供哪些材料？

答：（1）申请书；（2）外债豁免协议；（3）非银行债务人办理非资金划转类还本付息备案申请表；（4）境外直接投资基本信息登记业务申请表；（5）外债注销登记申请表。

5.4　外债注销

1. → 在外汇管理局办理外债注销是否一定要先注销外债账户？

答：根据《国家外汇管理局关于发布〈外债登记管理办

法〉的通知》（汇发〔2013〕19号）的附件2《外债登记管理操作指引》的规定，外汇管理局在审核外债注销登记时须"登录资本项目信息系统，确认非银行债务人相关外债专用账户及还本付息专用账户已关闭"。因此，外债注销登记时需要先注销外债账户。

2. → 未办理外债注销会有哪些后果？

答：除借款资金不能合规地出境还款外，《国家外汇管理局关于发布〈外债登记管理办法〉的通知》（汇发〔2013〕19号）的附件1《外债登记管理办法》第二十七条规定："有下列情形之一的，依照《外汇管理条例》第四十八条进行处罚：（一）未按照规定进行涉及外债国际收支申报的；（二）未按照规定报送外债统计报表等资料的；（三）未按照规定提交外债业务有效单证或者提交的单证不真实的；（四）违反外债账户管理规定的；（五）违反外债登记管理规定的。"

《中华人民共和国外汇管理条例》四十八条规定："有下列情形之一的，由外汇管理机关责令改正，给予警告，对机构可以处30万元以下的罚款，对个人可以处5万元以下的罚款：（一）未按照规定进行国际收支统计申报的；（二）未按照规定报送财务会计报告、统计报表等资料的；（三）未按照规定提交有效单证或者提交的单证不真实的；（四）违反外汇账户管理规定的；（五）违反外汇登记管理规定的；（六）拒绝、阻碍外汇管理机关依法进行监督检查或者调查的。"

3. → 内资及外资企业注销前，应如何处理外债？

答：内资及外资企业注销前，应先办理外债注销登记。

6. 跨境担保

6.1 内保外贷

1. → 什么是跨境担保？

答：《国家外汇管理局关于发布〈跨境担保外汇管理规定〉的通知》（汇发〔2014〕29号）（以下简称汇发〔2014〕29号文）的附件1《跨境担保外汇管理规定》第二条规定："跨境担保是指担保人向债权人书面作出的、具有法律约束力、承诺按照担保合同约定履行相关付款义务并可能产生资金跨境收付或资产所有权跨境转移等国际收支交易的担保行为。"

2. → 跨境担保备案登记通常用于哪几种商业安排中？

答：跨境担保备案登记通常用于以下商业安排：

（1）境内企业境外投资时，境内企业提供担保，境外公司在境外贷款，且境外企业有持续"造血"能力归还贷款。

（2）境内企业取得《企业境外投资证书》后，由境内银行提供融资性保函到境外贷款。

（3）境内企业为境外企业境外贷款提供担保。

（4）境外企业为境内企业境内贷款提供担保。

3. → 跨境担保有哪些形式？

答：汇发〔2014〕29号文的附件1《跨境担保外汇管理规定》第三条规定："按照担保当事各方的注册地，跨境担保分为内保外贷、外保内贷和其他形式跨境担保。内保外贷是指担保人注册地在境内、债务人和债权人注册地均在境外的跨境担保。外保内贷是指担保人注册地在境外、债务人和债权人注册地均在境内的跨境担保。其他形式跨境担保是指除前述内保外贷和外保内贷以外的其他跨境担保情形。"

4. → 外汇局对哪些形式的跨境担保实行登记管理?

答：汇发〔2014〕29号文的附件1《跨境担保外汇管理规定》第六条规定："外汇局对内保外贷和外保内贷实行登记管理。"

5. → 内保外贷登记需要递交什么材料?

答：汇发〔2014〕29号文的附件2《跨境担保外汇管理操作指引》规定："担保人签订内保外贷合同后,应按以下规定办理内保外贷登记:

（一）担保人为银行的,由担保人通过数据接口程序或其他方式向外汇局资本项目信息系统报送内保外贷相关数据。

（二）担保人为非银行金融机构或企业（以下简称为非银行机构）的,应在签订担保合同后15个工作日内到所在地外汇局办理内保外贷签约登记手续。担保合同或担保项下债务合同主要条款发生变更的（包括债务合同展期以及债务或担保金额、债务或担保期限、债权人等发生变更）,应当在15个工作日内办理内保外贷变更登记手续。

非银行机构到外汇局办理内保外贷签约登记时,应提供以下材料:

（1）关于办理内保外贷签约登记的书面申请报告（内容包括公司基本情况、已办理且未了结的各项跨境担保余额、本次担保交易内容要点、预计还款资金来源、其他需要说明的事项。有共同担保人的，应在申请报告中说明）；

（2）担保合同和担保项下主债务合同（合同文本内容较多的，提供合同简明条款并加盖印章；合同为外文的，须提供中文翻译件并加盖印章）；

（3）外汇局根据本规定认为需要补充的相关证明材料（如发展改革委、商务部门关于境外投资项目的批准文件、办理变更登记时需要提供的变更材料等）。"

6. → 内保外贷的担保人分哪些？担保人不同，登记手续有什么不同？

答：内保外贷的担保人分为银行、非银行金融机构或企业。汇发〔2014〕29号文的附件1《跨境担保外汇管理规定》第九条规定："担保人为银行的，由担保人通过数据接口程序或其他方式向外汇局报送内保外贷业务相关数据。担保人为非银行金融机构或企业（以下简称非银行机构）的，应在签订担保合同后15个工作日内到所在地外汇局办理内保外贷签约登记手续。担保合同主要条款发生变更的，应当办理内保外贷签约变更登记手续。"

7. → 办理内保外贷登记时，外汇管理局主要审核要点有哪些？

答：汇发〔2014〕29号文的附件2《跨境担保外汇管理操作指引》规定："担保人办理内保外贷业务时，应对债务人主体资格、担保项下资金用途、预计的还款资金来源、担保履约的可能性及相关交易背景进行审核，对是否符合境内外相关法律法规进行尽职调查，并以适当方式监督债务人按照其申明的用途使用担保项下资金。"

8. → 内保外贷项下资金用途应当符合哪些规定?

答: 汇发〔2014〕29号文的附件2《跨境担保外汇管理操作指引》规定: "内保外贷项下资金用途应当符合以下规定:

(一) 内保外贷项下资金仅用于债务人正常经营范围内的相关支出, 不得用于支持债务人从事正常业务范围以外的相关交易, 不得虚构贸易背景进行套利, 或进行其他形式的投机性交易。

(二) 未经外汇局批准, 债务人不得通过向境内进行借贷、股权投资或证券投资等方式将担保项下资金直接或间接调回境内使用。

担保项下资金不得用于境外机构或个人向境内机构或个人进行直接或间接的股权、债权投资, 包括但不限于以下行为:

1. 债务人使用担保项下资金直接或间接向在境内注册的机构进行股权或债权投资;

2. 担保项下资金直接或间接用于获得境外标的公司的股权, 且标的公司50%以上资产在境内的;

3. 担保项下资金用于偿还债务人自身或境外其他公司承担的债务, 而原融资资金曾以股权或债权形式直接或间接调回境内的;

4. 债务人使用担保项下资金向境内机构预付货物或服务贸易款项, 且付款时间相对于提供货物或服务的提前时间超过1年、预付款金额超过100万美元及买卖合同总价30%的(出口大型成套设备或承包服务时, 可将已完成工作量视同交货)。

(三) 内保外贷合同项下发生以下类型特殊交易时, 应符合以下规定:

1. 内保外贷项下担保责任为境外债务人债券发行项下还款

义务时，境外债务人应由境内机构直接或间接持股，且境外债券发行收入应用于与境内机构存在股权关联的境外投资项目，且相关境外机构或项目已经按照规定获得国内境外投资主管部门的核准、登记、备案或确认；

2. 内保外贷合同项下融资资金用于直接或间接获得对境外其他机构的股权（包括新建境外企业、收购境外企业股权和向境外企业增资）或债权时，该投资行为应当符合国内相关部门有关境外投资的规定；

3. 内保外贷合同项下义务为境外机构衍生交易项下支付义务时，债务人从事衍生交易应当以止损保值为目的，符合其主营业务范围且经过股东适当授权。"

9. → 内保外贷的资金是否允许调回境内？

答：允许调回境内。《国家外汇管理局关于进一步推进外汇管理改革完善真实合规性审核的通知》（汇发〔2017〕3号）规定："允许内保外贷项下资金调回境内使用。债务人可通过向境内进行放贷、股权投资等方式将担保项下资金直接或间接调回境内使用。银行发生内保外贷担保履约的，相关结售汇纳入银行自身结售汇管理。"

10. → 什么情况下办理内保外贷登记注销手续？

答：汇发〔2014〕29号文的附件1《跨境担保外汇管理规定》第十三条规定："内保外贷项下担保人付款责任到期、债务人清偿担保项下债务或发生担保履约后，担保人应办理内保外贷登记注销手续。"

6.2　外保内贷

1. → 外保内贷能向哪些机构借款？

答：汇发〔2014〕29号文的附件1《跨境担保外汇管理规定》规定，"债权人为在境内注册经营的金融机构。"

2. → 境内机构办理外保内贷业务登记的条件有哪些？

答：汇发〔2014〕29号文的附件1《跨境担保外汇管理规定》第十七条规定："境内非金融机构接受境外机构或个人提供的担保从境内金融机构借用贷款或获得授信额度，在同时满足以下条件的前提下，可以接受境外机构或个人提供的担保，并自行签订外保内贷合同：（一）债务人为在境内注册经营的非金融机构；（二）债权人为在境内注册经营的金融机构；（三）担保标的为金融机构提供的本外币贷款（不包括委托贷款）或有约束力的授信额度；（四）担保形式符合境内、外法律法规。未经批准，境内机构不得超出上述范围办理外保内贷业务。"

3. → 境内债务人因外保内贷项下担保履约形成的对外负债，其未偿本金余额额度有什么限制？

答：汇发〔2014〕29号文的附件1《跨境担保外汇管理规定》第十九条规定："境内债务人因外保内贷项下担保履约形成的对外负债，其未偿本金余额不得超过其上年度末经审计的净资产数额。"

4. → 外保内贷业务如发生担保履约的，境内债务人应有哪些注意事项？

答：汇发〔2014〕29号文的附件1《跨境担保外汇管理规定》第十九条规定："外保内贷业务发生担保履约的，在境内债务人偿清其对境外担保人的债务之前，未经外汇局批准，境内债务人应暂停签订新的外保内贷合同；已经签订外保内贷合同但尚未提款或尚未全部提款的，未经所在地外汇局批准，境内债务人应暂停办理新的提款。"

5. → 未按规定办理跨境担保业务的后果？

答：根据汇发〔2014〕29号文的附件2《跨境担保外汇管理操作指引》的规定，境内金融机构未按规定向外汇局报送外保内贷业务相关数据的，按照《中华人民共和国外汇管理条例》第四十八条处罚：由外汇管理机关责令改正，给予警告，对机构可以处30万元以下的罚款，对个人可以处5万元以下的罚款。

7. 境内居民个人境外投资外汇登记常见问题

7.1 初始登记

1. → 什么人需要办理境内居民个人境外投资外汇登记?

答: 根据《国家外汇管理局关于境内居民通过特殊目的公司境外投融资及返程投资外汇管理有关问题的通知》(汇发〔2014〕37号)(以下简称汇发〔2014〕37号文)及《国家外汇管理局关于进一步简化和改进直接投资外汇管理政策的通知》(汇发〔2015〕13号)(以下简称汇发〔2015〕13号文)的规定, "'境内居民个人'是指持有中国境内居民身份证件、军人身份证件、武装警察身份证件的中国公民以及虽无中国境内合法身份证件、但因经济利益关系在中国境内习惯性居住的境外个人。其中,无中国境内合法身份证件、但因经济利益关系在中国境内习惯性居住的境外个人,是指持护照的外国公民(包括无国籍人)以及持港澳居民来往内地通行证、台湾居民来往大陆通行证的港澳台同胞,具体包括:(1)在境内拥有永久性居所,因境外旅游、就学、就医、工作、境外居留要求等原因而暂时离开永久居所,在上述原因消失后仍回到永久性居所的自然人;(2)持有境内企业内资权益的自然人;(3)持有境内企业原内资权益,后该权益虽变更为外资权益但仍为本人所最终持有的自然人。"

2. → 什么是境内居民个人境外投资外汇登记? 何时办理初始登记?

答: 汇发〔2014〕37号文附件1《返程投资外汇管理所涉

业务操作指引》及汇发〔2015〕13号文附件《直接投资外汇业务操作指引》规定，境内居民个人境外投资外汇登记指境内居民以投融资为目的，以其合法持有的境内企业资产或权益，或者以其合法持有的境外资产或权益，在境外设立或间接控制特殊目的公司，通过新设、并购等方式在境内设立外商投资企业或项目，据此向外汇管理局或其授权机构申请的外汇登记。

国家外汇管理局及其分支机构对境内居民设立的特殊目的公司实行登记管理。境内居民个人办理登记前，可在境外先行设立特殊目的公司，但在法律实践中，境内居民个人对该特殊目的公司不得有出资行为（含境外出资），也不可以支付注册费用（含境外支付）。

3. → 境内居民个人境外投资外汇初始登记的审批部门是什么？审批时间预计多长？

答：根据汇发〔2014〕37号文及汇发〔2015〕13号文的规定，境内居民个人以境内资产或权益向特殊目的公司出资的，应向境内企业资产或权益所在地银行申请办理；如有多个境内企业资产或权益且所在地不一致时，应选择其中一个主要资产或权益所在地银行集中办理；境内居民个人以境外合法资产或权益出资的，向户籍所在地银行申请办理。

审批时间取决于受理银行的审批速度。

4. → 境内居民持股境内权益公司时间与境内居民境外持股特殊目的公司时间是否有要求？为加速架构搭建，是否可以购买境外壳公司？

答：根据汇发〔2014〕37号文及汇发〔2015〕13号文的规定，境内居民需要先持有境内权益公司后才能在境外持股特殊目的公司。

因境外壳公司股东名录中会出现与登记无关的企业或个人持股痕迹，不建议购买境外壳公司。在法律实践中，当不能满足上述登记规定时，各地银行会根据项目实际背景，决定受理与否。

5. → 已取得境外永久居留证明且同时拥有中国护照的自然人，是否需要办理境内居民个人境外投资外汇登记？

答： 汇发〔2014〕37号文附件1《返程投资外汇管理所涉业务操作指引》及汇发〔2015〕13号文附件《直接投资外汇业务操作指引》规定，"境内居民个人在办理境外投资外汇登记业务时，须凭合法身份证件（居民身份证件或护照等）办理，境外永久居留证明等不能作为业务办理依据。"故已取得境外永久居留证明且同时拥有中国护照的自然人，在符合登记条件时，需要办理境内居民个人境外投资外汇登记。

6. → 在法律实践中可进行登记的境内企业资产或权益及境外资产或权益分别是指什么？

答： 在法律实践中可作为登记的境内企业资产或权益通常为境内有限责任公司股权，境外资产或权益通常为境内居民在境外的合法收入（需要提供一系列佐证境外合法收入的文件，如工作签证、劳动合同、工资单、与工资单匹配的税单等）。

7. → 境内权益公司股东人数较多，但只有部分自然人到境外持股，在办理初始登记时有哪些注意事项？

答： 如果境内权益公司有部分股东不参与境外持股，需要该股东承诺其本次及以后均不以其拥有的此境内权益公司的资产和权益参与境外融资及返程投资。同时，在《境内居民个人境外投资外汇登记表》的备注中注明。放弃的自然人股东须提供身份证件，放弃的机构股东须提供营业执照。

8. → 境内居民在境外直接或间接持有的特殊目的公司，是否都需要进行登记？

答：汇发〔2014〕37号文附件1《返程投资外汇管理所涉业务操作指引》及汇发〔2015〕13号文附件《直接投资外汇业务操作指引》规定，"境内居民个人只为其直接设立或控制的（第一层）特殊目的公司办理登记。"

9. → 初始登记时，需要填写境内居民个人境外投资外汇登记表中哪些内容？

答：填写内容参照下方《境内居民个人境外投资外汇登记表》：

境内居民个人境外投资外汇登记表

一、境内居民个人基本信息		
境内居民个人姓名	境内企业资产或权益所在地或境内个人户籍所在地（境外个人填写在中国境内的习惯性居住地）	居民身份证件号码或护照号码
XX	户籍所在地：北京市 XXX 路 XX 号	XXXXXXXXXXXXXXXX

二、申请事项			
☑境外投资企业新设登记	☑境内资产/权益出资	境内资产/权益名称：北京XX科技有限公司	
	☑境内资产/权益出资	境内资产/权益名称：	
	☐货币出资	出资形式：	申请金额：
	☐其他	出资形式：	申请金额：
☐境外投资企业变更登记	☐基本信息变更 ☐增资 ☐减资 ☐出资形式		
	☐股权转让 （☐中方转外方 ☐外方转中方 ☐外方转外方 ☐中方转中方）		
☐境外投资企业注销登记	注销原因： ☐股权转让 ☐清算 ☐其他＿＿＿＿		
联系人		联系电话	

三、境外投资企业基本信息（变更登记的，填写变更后的基本信息；注销登记的，填写注销前基本信息）						
境外企业名称	注册地	注册日期	上市地	上市日期	总资产	已发行总股数	预留员工期权股数
XX Limited	XX	XXXX年XX月XX日				XX	XX（若有）

四、境外投资企业的中方股东投资信息（变更登记的，填写变更后的信息；注销登记的，填写当前股东信息）					
中方股东名称	币种	出资额	出资比例（%）	持股数	持股比例（%）
XX	XX（部分银行要求填写）	XX（部分银行要求填写）	XX（部分银行要求填写）	XX	XX

五、境外投资企业的外方股东投资信息（变更登记的，填写变更后的信息；注销登记的，填写当前股东信息。股权结构分散的，可酌情填写主要外方股东信息）					
外方股东名称	币种	投资金额	出资比例（%）	持股数	持股比例（%）

六、拟返程投资企业基本信息（变更登记的，填写变更后的信息；注销登记的，填写当前股东信息）

返程投资企业名称	组织机构代码	外商投资企业批准证书编号

七、境外投资企业的外方股东向中方转让股权所得付款计划（股权转让外方转中方需填写）：

中方股东名称（受让方）	外方股东名称（出让方）	外方股东国别地区	转让股份数	股权转让对价	1. 境外支付金额	2. 需汇出境外金额

八、境外投资企业的中方股东向外方转让股权所得处置计划（股权转让中方转外方需填写）：

中方股东名称（出让方）	外方股东名称（受让方）	转让股份数	股权转让对价	1、留存境外金额	2、调回境内金额

九、境外投资企业的中方股东减资所得处置计划（中方减资实际出资需填写）：

中方股东名称	减少股份数	减资所得金额	1、留存境外金额	2、调回境内金额

十、境外投资企业注销后中方股东所得资产处置计划：（境外投资企业注销后有剩余资产调回境内的需填写）

中方股东名称（出让方）	清算所得金额	1.留存境外金额	2.需调回境内金额

十一、备注（以上表格内容无法完全涵盖企业申请事项的，可在此栏中填写）：

北京 XX 科技有限公司（公司股东 XX 承诺本次以后均不参与境外融资及返程投资，不以其直接拥有的境内企业：北京 XX 科技有限公司的资产和权益到境外融资。[如果内资权益公司存在股东不参与此项目，需要在备注中注明]

□ 本人所填写《境内居民个人境外投资外汇登记表》中各项内容及所提交的所有书面材料均真实有效，所有复印件均与原件完全相同。本人保证按照有关规定完整、真实地办理外汇登记及变更手续，如有违反，本人愿承担由此而导致的一切后果。

□以上资料真实完整地反映了本人（或本人及本人所代理的所有境内居民个人）的境外持股状况，如存在虚假陈述、骗取外汇登记的行为，本人愿意承担由此而导致的法律责任。

□本人承诺，本人用于境外投资的境内外资产及权益均通过合法渠道取得，其中不含：司法、纪检监察等部门依法限制对外转移的财产，本人或近亲属涉及尚未审结的国内刑事、民事诉讼案件的财产，法律规定不得对外转移的财产，以及不能证明合法来源的财产等。如有虚假承诺，本人愿意承担由此而导致的法律责任。

□本人及所设立的特殊目的公司，不存在危害中国国家主权、安全和社会公共利益，或违反中国法律法规，或

境内居民个人（委托人）签名：＿＿＿＿＿＿＿＿＿

申请日期：　　年　　月　　日

银行（外汇局）：＿＿＿＿＿＿＿＿＿＿＿（盖章）

10. → 已登记过的特殊目的公司是否可以继续沿用到新架构当中？是否可以重新登记？

答：汇发〔2014〕37号文附件1《返程投资外汇管理所涉业务操作指引》及汇发〔2015〕13号文附件《直接投资外汇业

务操作指引》规定，"境内居民个人只为其直接设立或控制的（第一层）特殊目的公司办理登记。"故如果采用已登记的特殊目的公司在新架构中持股，并不需要办理变更登记。但是从VIE结构出发，新架构会有新的VIE内资公司，应按照独立的架构进行登记，而已经登记过的特殊目的公司因在外汇局系统里已有录入，不能重新登记。

11. → 如果有高管希望参与境外公司的员工持股计划，是否可以和创始股东的初始登记一起办理？

答：首先需要确认高管是否同时为境内公司的股东，如是境内公司的股东，可以和其他创始股东一样按照创始股东的方式办理初始登记；如不是境内公司的股东而只是员工，则其无法和创始股东一起办理初始登记。对于高管参与非上市特殊目的公司股权激励计划请参考后续问答。

12. → 在法律实践中，境内居民个人是否可以向境外公司实际投资？

答：在法律实践中，境内居民个人不可以向境外公司实际投资。

13. → 什么是 VIE 结构？

答：VIE（Variable Interest Entities），直译为"可变利益实体"。VIE结构在国内又被称为"协议控制结构"或者"新浪结构"，具体是指境外融资实体通过其股权控制的外商独资企业以协议的方式控制境内运营实体的一种投资结构。这种结构主要用于外商投资限制类及禁止类项目的境外红筹结构搭建。股权示意图如下所示：

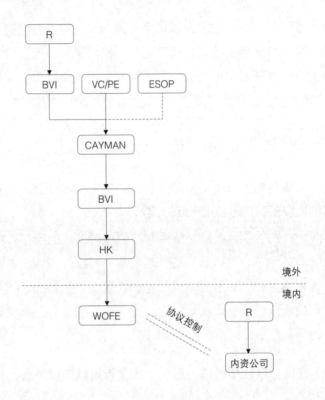

14. → 什么是"两步走"（Slow-Walk）结构？

答：境内居民设立的特殊目的公司以外资股权并购模式并购境内居民持有资产权益的境内企业，为避免《关于外国投资者并购境内企业的规定》中规定的关联并购采取的投资结构。"两步走"的第一步：境内企业变更为中外合资企业；第二步：境内居民搭建境外架构后，返程将中外合资企业收购为外商独资企业。这种结构主要用于外商投资允许类及鼓励类项目的境外红筹结构搭建。股权示意图如下所示：

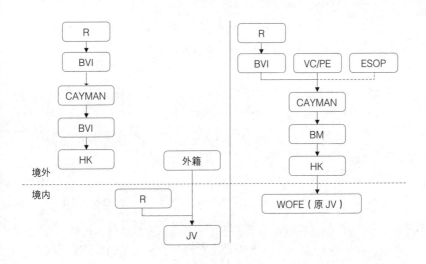

REMINDER

关于外商允许、鼓励类项目红筹结构搭建的温馨提示

对于外商允许、鼓励类项目红筹结构的搭建通常使用Slow Walk（"两步走"）的方式，具体图示如下：

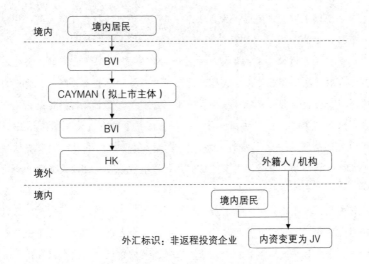

第一步：将境内居民持股的内资公司变更为中外合资公司，以中外合资公司作为境内权益办理境内居民个人境外投资外汇初始登记（37号文登记），报备示意图如下：

第二步：HK公司100%收购JV（中外合资企业）股份，办理外商投资企业外汇标识变更，报备示意图如下：

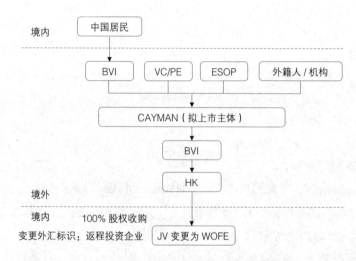

之所以采取两步完成将外商允许、鼓励类项目的股权"装入"境外拟上市特殊目的公司，主要因为2006年六部委共同签发的10号令《关于外国投资者并购境内企业的规定》中第十一条规定："境内公司、企业或自然人以其在境外合法设立或控制的公司名义并购与其有关联关系的境内的公司，应报商务部审批。当事人不得以外商投资企业境内投资或其他方式规避前述要求。"在法律实践中，商务部并未批准过关联并购。2008年商务部外资司关于下发的《外商投资准入管理指引手册》（商资服字〔2008〕530号）中将清晰定义了"并购适用对象"："已设立的外商投资企业中方向外方转让股权，不参照并购规定。不论中外方之间是否存在关联关系，也不论外方是原有股东还是新进投资者。并购的标的公司只包括内资企业。"对于外商允许、鼓励类的内资企业被并购变更为中外合资企业，再由自然人以其在境外合法设立或控制的特殊目的公司收购中外合资企业所有股东的股份，就不再适用于上述10号令第十一条，顺利避免了关联并购的审批，也实现了最终对境内公司的股权控制。

但是，法律实践中"两步走"的资产转入方式一直面临两个资金跨境流转问题。

一是外国投资者支付并购内资企业的资金。第一步中，《关于外国投资者并购境内企业的规定》第十四条规定："并购当事人应以资产评估机构对拟转让的股权价值或拟出售资产的评估结果作为确定交易价格的依据。并购当事人可以约定在中国境内依法设立的资产评估机构。资产评估应采用国际通行的评估方法。禁止以明显低于评估结果的价格转让股权或出售资产，变相向境外转移资本。"为了减少外国投资者并购资金的占用，通常将中外合资企业中外方的股份比例控制在5%以下，对于一些传统重资产企业，外国投资者通过增资或者股权转让的方式（为了减少审批备案流程，"两步走"红筹结构搭建中通常采用增资而非股权转让的模式）并购内资企业的资金也是一笔不少的金额，这是第一步需要提前筹措的入境资金。

二是内资企业的原股东将股权对价合法支付到境外。第二步中，当境外香港公司100%收购境内中外合资企业股份使之变更为外商独资企业时，一般股权转让定价依据为中外合资企业的注册资本或净资产价值（需要综合考虑中外合资企业注册当地商务部门、税务部门和未来上市监管中对股权转让定价的审查观点），这是第二笔需要提前筹措的入境资金。由此，中外合资企业中的原中国居民股东除了在境外特殊目的公司以其境内持有的原内资企业权益出资获得的股份之外，为了规避关联并购合法搭建红筹结构，在中外合资企业变更为外商独资企业时还收到一笔股权转让对价，因此，待交易架构搭建完成后，中国居民在扣除相应税款后需要将这笔资金投资到与境外上市结构无关的其他境内企业，并采取境内企业境外投资的合法方式归还给境外外籍投资方，这是第一笔需要合法出境的资金。从2016年11月28日以来，境内企业境外投资实行了更加规范严格的管控，如果境内企业不是符合通知规定的"合格境内主体"，且境外投资项目没有真实性目的，则很难通过此方式将资金汇出归还境外。

在法律实践中，目前外商允许、鼓励类项目红筹结构的搭建方式可采用下面两次股权出资的新方案实现：

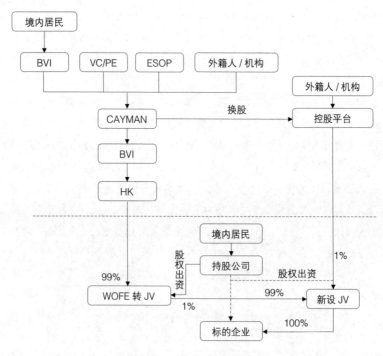

新方案构架中，境内居民与标的企业之间自带一层持股公司，通过两次股权出资的方式将标的企业转换为返程投资公司的控股子公司，避免了外资并购，也就避免了跨境资金的支付。唯一需要关注的是新方案股权架构较复杂，可以控股境内资产不能达到100%，上述案例经计算后，合并资产比例为99.01%。

15. → 以境内权益到境外融资的法律结构有哪几种类型？

答： 主要模式有VIE结构、"两步走"（Slow Walk）或者资产并购结构、新设立中外合资（合作）模式。

其中，VIE结构见13题，

"两步走"结构见14题。

新设中外合资（合作）模式如下图所示：

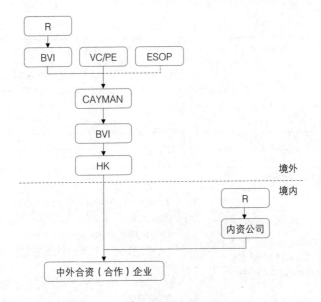

REMINDER

关于红筹结构最新监管政策的温馨提示

近期越来越多的境内企业拟搭建红筹结构并寻求境外上市，依据现行法律法规，目前境内居民搭建红筹结构核准或备案机关为发展改革委和外汇局。现行法规依据主要为《企业境外投资管理办法》（国家发展改革委令2017年第11号，以下简称11号令）、《国家发展改革委关于发布境外投资敏感行业目录（2018年版）的通知》（发改外资〔2018〕251号），以及汇发〔2014〕37号文。在当前鼓励资金"引进来"，控制不合理不合规的资金"走出去"的监管趋势下，2018年3月1日后，法律实践中外汇局和发展改革委监管要点如下。

1. 外汇局监管要点

（1）境内居民设立特殊目的公司的出资方式。

出资形式	法律实践
A. 境内权益： 境内个人已直接或间接控制的境内企业资产或权益	可登记境内权益：境内居民直接或间接持有境内企业的股权。多数地区外汇局将境内居民直接持股的境内第一层公司所在地作为登记管辖机关。

续表

出资形式	法律实践
B. 境外权益： 个人持有的合法境外资产或权益，包括股权、无形资产、实物、现金等多种形式	多数案例中境内居民很难提供满足外汇局要求的境外资金来源的合法性证明，如居住 / 工作签证、收入来源证明、收入对应税单等，因此在实践中批准案例非常少。

（2）境内居民持有的境内外权益是否有在境外融资的实力。

境外融资实力判断	法律实践
A. 境内权益： 境内个人已直接或间接控制的境内企业资产或权益	关注境内居民直接或间接持有股权的境内企业成立时间、注册资本、是否有运营、运营财务数据等。要求申请人在办理境内居民个人境外投资外汇初始登记时，提供融资意向书。 深圳地区对于刚刚成立的内资公司在办理外汇登记时，持怀疑态度； 江苏地区要求境内居民缴付注册资本，实缴比例不低于 50%； 北京地区部分银行会审核境内公司未来运营发展趋势，对于注册资本是否实际缴付，暂无硬性要求。
B. 境外权益： 个人持有的合法境外资产或权益，包括股权、无形资产、实物、现金等多种形式	关注境内居民持有股权的境外特殊目的公司创始人学历背景、是否有 IP、运营行业资源等。要求申请人在办理境内居民个人境外投资外汇初始登记时，提供融资意向书。

（3）境内居民持有的境外特殊目的公司是否有返程投资计划。

返程投资计划判断	法律实践
A. 境内权益： 境内个人已直接或间接控制的境内企业资产或权益	要求申请人在办理境内居民个人境外投资外汇初始登记时，提供预计返程投资的具体时间承诺。建议在一年内（特殊目的公司存量权益登记申报前）完成返程投资。北京地区部分银行要求客户描述返程投资 WOFE 公司与境内权益公司的关系。
B. 境外权益： 个人持有的合法境外资产或权益，包括股权、无形资产、实物、现金等多种形式	

（4）境内居民是否可以从境内汇款出境设立特殊目的公司。

设立特殊目的公司费用汇出	法律实践
A. 境内权益： 境内个人已直接或间接控制的境内企业资产或权益	申请人在境外设立特殊目的公司的注册费用不可以从境内汇出。
B. 境外权益： 个人持有的合法境外资产或权益，包括股权、无形资产、实物、现金等多种形式	

（5）特殊目的公司股权转让对价依据及其是否调回。

股权转让的处置	法律实践
A. 境内权益： 境内个人已直接或间接控制的境内企业资产或权益	外汇局需要核查申请人从境外获得的收入，含减资、出让股份、清算、分红、利润、私有化等方式获得的收入的公允性和商业合理性。
B. 境外权益： 个人持有的合法境外资产或权益，包括股权、无形资产、实物、现金等多种形式	申请人在填写《境内居民个人境外投资外汇登记表》中"留存境外金额"和"调回境内金额"栏目，如果选择"留存境外金额"，银行会进一步追索留存境外资金用途的商业合理性。

（6）非上市特殊目的公司员工股权激励计划。

未上市前股权激励计划的实施	法律实践
A. 境内权益： 境内个人已直接或间接控制的境内企业资产或权益	在法律实践中，只有北京地区成功办理过基于出售调回目的的非上市特殊目的公司股权激励计划登记，其他地区一般不予受理，因此，为了避免企业员工凭借汇发〔2014〕37号文的规定要求非上市特殊目的公司实施员工股权激励计划的矛盾，可以直接到当地外汇局窗口咨询实践中的监管意见。
B. 境外权益： 个人持有的合法境外资产或权益，包括股权、无形资产、实物、现金等多种形式	

2. 发改委监管要点

地区	目前监管原则
北京	● 境内居民个人控制的境外公司如果没有实体运营，无须核准或备案。 ● 境内居民个人控制的境外公司如果涉及实体运营，且运营项目涉及境外投资敏感行业目录（2018年版）实行核准。 ● 境内居民个人控制的境外公司在境外融资3亿美元及以上，且将融资款用于控制的境外公司实体运营，实行备案。 ● 境内居民个人控制的境外公司境外融资金额用于境内返程投资公司使用，无论金额大小，无须核准或备案。 ● 2018年3月1日以前成立的符合上述核准或备案情形的公司不在11号令监管范围，2018年3月1日以后成立的公司参照11号令的管理办法执行。

续表

地区	目前监管原则
上海	● 境内居民个人控制的境外公司如果没有实体运营，无须核准或备案。 ● 境内居民个人控制的境外公司如果涉及实体运营，且运营项目涉及境外投资敏感行业目录（2018年版）实行核准。 ● 境内居民个人控制的境外公司在境外融资3亿美元及以上，且将融资款用于控制的境外公司实体运营，实行备案。 ● 境内居民个人控制的境外公司境外融资金额用于境内返程投资公司使用，无论金额大小，无须核准或备案。 ● 2018年3月1日以前成立的符合上述核准或备案情形的公司不在11号令监管范围，2018年3月1日以后成立的公司参照11号令的管理办法执行。
成都	● 境内居民个人控制的境外公司如果没有实体运营，无须核准或备案。 ● 境内居民个人控制的境外公司如果涉及实体运营，且运营项目涉及境外投资敏感行业目录（2018年版）实行核准。 ● 境内居民个人控制的境外公司在境外融资3亿美元及以上，且将融资款用于控制的境外公司实体运营，实行备案。 ● 境内居民个人控制的境外公司境外融资金额用于境内返程投资公司使用，无论金额大小，无须核准或备案。 ● 2018年3月1日以前成立的符合上述核准或备案情形的公司不在11号令监管范围，2018年3月1日以后成立的公司参照11号令的管理办法执行。
深圳	● 目前暂无执行细则。

7.2 变更登记

1. → 什么是境内居民个人境外投资外汇变更登记？

答：汇发〔2014〕37号文附件1《返程投资外汇管理所涉业务操作指引》及汇发〔2015〕13号文附件《直接投资外汇业务操作指引》规定，"已登记的境外特殊目的公司发生境内居民个人股东、名称、经营期限等基本信息变更，或发生境内居民个人增资、减资、股权转让或置换、合并或分立等重要事项变更的"，应及时到外汇局办理境外投资外汇变更登记手续。

2.→ 境内居民个人境外投资外汇变更登记的审批部门是什么？

答：初始登记所在地银行。

3.→ 境内权益公司是否可以增加、替换或注销？

答：汇发〔2014〕37号文附件1《返程投资外汇管理所涉业务操作指引》及汇发〔2015〕13号文附件《直接投资外汇业务操作指引》规定，"已登记的境外特殊目的公司发生境内居民个人股东、名称、经营期限等基本信息变更，或发生境内居民个人增资、减资、股权转让或置换、合并或分立等重要事项变更的"，应及时到外汇局办理境外投资外汇变更登记手续。

境内权益公司可以增加或替换，但对于境内权益公司的变化是否需要报备并无规定。在法律实践中，部分银行可以为增加或替换境内权益公司进行登记。在境内居民境外持股的背景下，其持有的境内权益公司不建议注销。

4.→ 境内权益公司股东变更时，是否需要办理变更登记？

答：根据汇发〔2014〕37号文附件1《返程投资外汇管理所涉业务操作指引》及汇发〔2015〕13号文附件《直接投资外汇业务操作指引》的规定，"已登记的境外特殊目的公司发生境内居民个人股东、名称、经营期限等基本信息变更，或发生境内居民个人增资、减资、股权转让或置换、合并或分立等重要事项变更的"，应及时到外汇局办理境外投资外汇变更登记手续。

对于境内权益公司股东发生变化是否需要报备并无规定。

但需要注意，已经登记的境内居民应该持有境内权益。

5. → 境外架构未融资，返程投资公司已设立，是否需要办理变更登记？

答：根据汇发〔2014〕37号文附件1《返程投资外汇管理所涉业务操作指引》及汇发〔2015〕13号文附件《直接投资外汇业务操作指引》的规定，"已登记的境外特殊目的公司发生境内居民个人股东、名称、经营期限等基本信息变更，或发生境内居民个人增资、减资、股权转让或置换、合并或分立等重要事项变更的"，应及时到外汇局办理境外投资外汇变更登记手续。

如境内居民持股的境外第一层特殊目的公司没有变化，是否需要针对新设立的返程投资公司进行报备并无规定。在法律实践中，江苏省外汇管理部门审批人员认为，只要登记过的境内居民个人境外投资外汇登记表上的内容发生变化，则需要向初始登记所在地银行进行申报。

6. → 境内居民在境外出售原始股或通过分红获得的资金是否需要调回境内？如果需要调回境内，涉及的办理流程是什么？

答：《关于外国投资者并购境内企业的规定》（商务部令2009年第6号）规定，"境内公司及自然人从特殊目的公司获得的利润、红利及资本变动所得外汇收入，应自获得之日起6个月内调回境内。利润或红利可以进入经常项目外汇账户或者结汇。资本变动外汇收入经外汇管理机关核准，可以开立资本项目专用账户保留，也可经外汇管理机关核准后结汇。"

目前，根据国家外汇管理局的窗口指导意见，个人返程投资结构项下，境内个人从特殊目的公司分配的利润，从特殊目的公司减资、向境外机构或个人出让股份、从特殊目的公司清算获得的收入，应在合理时间内及时调回境内。特殊目的公司或其控制的境外企业从境内被投资企业获得的利润、减资、清算收益，从境内、外其他机构或个人获得的股权出让收入（包括境外上市企业私有化以后获得的相关收益），其属于境内个人的部分，应在合理时间内及时调回境内。

资金调回境内办理流程：向登记地银行递交申请资料，待银行审核后，凭借批准的外汇业务登记凭证在银行开立境外资产变现专用账户，境外资金打入该专用账户，待个人缴纳所得税后，从资产变现专用账户结汇到人民币账户。

7. → 什么是境外资产变现专用账户？如何办理境外资产变现专用账户？

答：境外资产变现专用账户指用于收取境内居民向外国投资者转让所持境外特殊目的公司股份或权益而收取的外汇购买对价的账户。

汇发〔2014〕37号文附件1《返程投资外汇管理所涉业务操作指引》及汇发〔2015〕13号文附件《直接投资外汇业务操作指引》的规定，"境外企业因减资、转股等需要汇回资金的，在注册地银行办理变更登记后，直接到银行办理后续境外资产变现账户开立、汇回资金入账等手续。"因此境内居民个人从特殊目的公司获得资本变动收入等需要汇回资金的，银行可根据境内个人的申请直接办理开户手续。

8. → 在办理变更登记过程中，部分境内居民不配合签字如何处理？

答：可根据项目股权架构与银行沟通，判断其不签字是否会影响其他已登记境内居民的变更登记，如不影响（未共同持股同一家特殊目的公司），可与银行沟通，先行批准其他境内居民的变更登记，如受到影响（共同持股同一家特殊目的公司），则需要律师出具相应证明文件，与外汇局（银行）再行沟通。

9. → 境内居民个人境外投资外汇登记表遗失后是否可以补办？

答：在法律实践中，境内居民个人境外投资外汇登记表没有补办流程，如遗失，可在办理新一轮登记前，在市级公开发行的报纸上刊登遗失证明，并携带加盖返程投资公司公章的遗失的《境内居民个人境外投资外汇登记表》复印件代替原件办理新一轮登记。

10. → 如何计算非境内居民企业所得税和个人境外资产变现纳税额？

答：境外特殊目的公司（非境内居民企业所得税）=[交易金额−成本（当时出资）]×10%

成本（当时出资）=WOFE注册资本×缴税方占据WOFE公司的出资比例

个人境外资产变现纳税额=交易金额−已经缴付的非居民所得税−交易成本（律师费、审计费、财务顾问费、保证金等）−维护成本（公司日常维护费用）

11. → 外汇局是否可以提供调档查询？

答：在法律实践中，外汇局目前无法提供纸质文件调档查询。但可根据批准的境内居民个人境外投资外汇登记表的信息在系统中查询登记状态。

12. → 变更登记中常涉及哪几种应缴纳税种？

答：个人所得税、非居民企业所得税、企业所得税等。

13. → 汇发〔2005〕75号文是如何过渡到汇发〔2014〕37号文、汇发〔2015〕13号文的?

答:

适用的规定	登记年限	变更发生公司	是否需要报备	注意事项
汇发〔2005〕75号文	2005.11.01-2014.07.14	境内居民直接持股公司	是	● 需要凭借已登记的境内居民个人境外投资外汇登记表原件到外汇管理局窗口办理个人ODI的业务登记凭证。
		境内居民间接持股公司	是	
汇发〔2014〕37号文	2014.07.04至今	境内居民直接持股公司	是	● 银行根据业务登记凭证编号在系统中查询已登记状态,如登记状态批准表格一致,则根据变更事项继续报备,如登记状态与批准表格不一致或系统丢失,需要先行补录系统后,才能进行变更登记。
		境内居民间接持股公司	否	● 已登记的特殊目的公司需先行办理存量权益登记后,才能办理变更登记。
汇发〔2015〕13号文	2015.06.01至今	境内居民直接持股公司	是	● 已登记的特殊目的公司需先行办理存量权益登记后,才能办理变更登记。
		境内居民间接持股公司	否	

7.3　补登记

1. → 什么情况下需要办理境内居民个人境外投资外汇补登记?

答:境内居民个人以境内外合法资产或权益已向特殊目的公司出资但未按规定办理境外投资外汇登记的,办理补登记。

2. → 补登记通常用于哪些商业安排中？

答：当企业有境内外上市的安排，律师需根据补登记办理完成结果出具法律意见。

3. → 进行境内居民个人境外投资外汇补登记需要满足哪些条件？

答：境内居民持有境内或境外权益、境内居民已在境外设立特殊目的公司、特殊目的公司已发生融资、特殊目的公司已在境内返程投资。

4. → 境内居民个人境外投资外汇补登记的办理地点及办理流程是什么？

答：根据汇发〔2014〕37号文附件1《返程投资外汇管理所涉业务操作指引》及汇发〔2015〕13号文附件《直接投资外汇业务操作指引》的规定，境内居民个人以境内资产或权益向特殊目的公司出资的，应向境内企业资产或权益所在地外汇管理局申请办理；如有多个境内企业资产或权益且所在地不一致时，应选择其中一个主要资产或权益所在地外汇管理局集中办理；境内居民个人以境外合法资产或权益出资的，向户籍所在地外汇管理局申请办理。

补登记办理流程是：资料递交到外汇管理局资本项目处，待资本项目处审核后移交到检察处，待检察处审核后出具罚款单，客户缴纳罚款后，检察处将资料再移交回资本项目处，由资本项目处批准。

5. → 境内个人境外投资外汇补登记的主要文件清单是什么？

答：当前境内外股权架构图、境内居民持股的境内权益公司资料（含执照、章程及章程修正案）、境内居民在境外设立的特殊目的公司资料（含注册证书、股东名录、股票证书）、境外架构融资、股权转让等资料（含融资协议、董事会决议、股权转让协议、银行入账单）、返程投资公司资料（含执照、批复、批准证书、章程及章程修正案、审计报告）、其他项目中涉及具体内容的相关资料。

6. → 在法律实践中，办理补登记时，是否涉及外汇处罚？处罚主体、处罚依据及处罚金额分别是什么？

答：汇发〔2014〕37号文规定，"境内居民或其直接、间接控制的境内企业通过虚假或构造交易汇出资金用于特殊目的公司，外汇局根据《中华人民共和国外汇管理条例》第三十九条进行处罚。

境内居民未按规定办理相关外汇登记、未如实披露返程投资企业实际控制人信息、存在虚假承诺等行为，外汇局根据《中华人民共和国外汇管理条例》第四十八条第（五）项进行处罚。

在境内居民未按规定办理相关外汇登记、未如实披露返程投资企业实际控制人信息或虚假承诺的情况下，若发生资金流出，外汇局根据《中华人民共和国外汇管理条例》第三十九条进行处罚；若发生资金流入或结汇，根据《中华人民共和国外汇管理条例》第四十一条进行处罚。

境内居民与特殊目的公司相关跨境收支未按规定办理国际收支统计申报的，外汇局根据《中华人民共和国外汇管理条例》第四十八条第（一）项进行处罚。"《行政处罚法》第二十九条规定，"违法行为在二年内未被发现的，不再给予行政处罚，法律另有规定的除外。前款规定的期限，从违法行为发生之日起计算；违法行为有连续或者继续状态的，从行为终了之日起计算。"

各地外汇管理局对上述法规的执行尺度不一，需具体项目具体分析。

7.4 注销登记

1. → 什么是境内居民个人境外投资外汇注销登记？什么情况下需要办理注销登记？

答: 因转股、破产、解散、清算、经营期满、身份变更等原因造成境内居民个人不再持有已登记的特殊目的公司权益的，或者不再属于需要办理特殊目的公司登记的，办理注销登记。

2. → 注销登记凭证通常用于哪些商业安排中？

答: 红筹架构拆除。

REMINDER

关于重大资产重组中标的资产曾拆除
VIE 协议控制架构的信息披露的温馨提示

2015年12月18日，证监会发布《关于重大资产重组中标的资产曾拆除VIE协议控制架构的信息披露要求的相关问题与解答》，明确了上市公司进行重大资产重组，如拟购买的标的资产在预案公告前曾拆除VIE协议控制架构，则应当在重组报告书中进行专项披露。

需要专项披露的六个方面的具体规定：

（1）VIE协议控制架构搭建和拆除过程，VIE协议执行情况，以及拆除前后的控制关系结构图。

（2）标的资产是否曾筹划境外资本市场上市。如是，应当披露筹划上市进展、未上市原因等情况。

（3）VIE协议控制架构的搭建和拆除过程是否符合外资、外汇、税收等有关规定，是否存在行政处罚风险。

（4）VIE协议控制架构是否彻底拆除，拆除后标的资产股权权属是否清晰，是否存在诉讼等法律风险。

（5）VIE协议控制架构拆除后，标的资产的生产经营是否符合国家产业政策相关法律法规等规定。

（6）如构成借壳上市，还应当重点说明VIE协议控制架构拆除是否导致标的资产近3年主营业务和董事、高级管理人员发生重大变化、实际控制人发生变更，是否符合《首次公开发行股票并上市管理办法》第十二条的规定。

3. → 特殊目的公司注销登记主要包括哪几种情形？应该如何处理？

答： （1）申请将原境内个人变更为新的境内个人的，银行或外汇局在审核变更（继承、赠与、有偿转让等）申请合理性后，可予办理，当事人自行保证符合与继承、赠与、转让等有关的税收和其他法律法规。

（2）申请将境内个人改变为境内机构的，在符合境内机构境外投资前置规定的前提下，可注销原个人特殊目的公司登记。

（3）申请将境内个人改变为境外个人或境外机构的，按市场原则进行有偿转让并取得合理对价的，可注销原个人特殊目的公司登记。

（4）因破产、解散、清算、经营期满等原因造成特殊目的公司终止经营的，可办理特殊目的公司注销登记。

（5）因境内个人去世由境外个人继承，或境内个人移居境外的，按个人财产（移民、继承）对外转移办理。

4. → 境内居民从其间接持股的公司平台退出，但继续保留直接持股公司，是否可以办理注销登记？

答：在法律实践中，只有境内居民从其直接持股的特殊目的公司层面退出，才可以办理注销登记。

5. → 境内居民变更国籍后是否需要办理境内居民个人境外投资外汇注销登记？

答：根据汇发〔2014〕37号文附件1《返程投资外汇管理所涉业务操作指引》及汇发〔2015〕13号文附件《直接投资外汇业务操作指引》的规定，无中国境内合法身份证件，但因经济利益关系在中国境内习惯性居住的境外个人，需要办理境内居民个人境外投资外汇登记。其中，无中国境内合法身份证件，但因经济利益关系在中国境内习惯性居住的境外个人，是指持护照的外国公民（包括无国籍人）以及持港澳居民来往内地通行证、台湾居民来往大陆通行证的港澳台同胞，具体包括：

（1）在境内拥有永久性居所，因境外旅游、就学、就医、工作、境外拘留要求等原因而暂时离开永久居所，在上述原因消失后仍回到永久性居所的自然人；

（2）持有境内企业内资权益的自然人；

（3）持有境内企业原内资权益，后该权益虽变更为外资权益但仍为本人所最终持有的自然人。

因此，如果境内居民变更国籍后，依然符合上述条件，则不能办理注销登记；反之，如境内居民变更国籍后，已不具备上述条件，则可以办理注销登记。

6. → 境内居民从境外架构退出后，不办理特殊目的公司注销登记，是否有风险？

答：如不办理注销登记，则需要每年按照规定申报存量权益登记。如公司已不存在，则涉嫌虚假申报。

REMINDER

关于境内居民境外特殊目的公司股份 BUYOUT 的温馨提示

在办理境内居民个人境外投资外汇登记实践中，存在境内居民将其持有的境外特殊目的公司的全部股份出售给外籍个人或外国机构的情况（BUT OUT），由于交易各方不了解或者疏忽了外汇局在实际操作中的监管要求，有可能导致收购方全盘接手境内外公司的资产和权益后无法正常经营。

一、经典案例

1. 境内居民或其100%持股的BVI公司签署了将其持有的境外特殊目的公司的全部股份出售给外籍个人或外国机构的相关法律文件。

2. 境内居民或其100%持股的BVI公司在境外获得了收购方支付的大部分或全额股权转让对价。

3. 根据汇发〔2014〕37号文和汇发〔2015〕13号文的规定，境内居民应及时办理变更登记，以及需要向税务局申报并缴纳该项收益对应的个人所得税。

4. 境内居民为了达到逃避上述两项法律义务，也不履行办理以下两项登记备案的义务：一是办理关于境内居民持有境外特殊目的公司的股份变更为0的外汇变更登记，以及特殊目的公司注销登记手续（如果境内居民以其持有100%的BVI公司出售股份的情况下）；二是持变更后的《境内居民个人境外投资外汇登记表》到境内权益所在地银行办理将返程投资外资企业外汇业务凭证中的标识由"返程投资公司"变更为"非返程投资公司"的变更登记。

5. 收购方被动面临的问题：无法正常办理返程投资外资企业的增资、向境外股东分红、变更经营范围、变更公司名称等涉及外资企业外汇业务凭证信息变更的事项（汇发〔2015〕13号文中附表一《境内直接投资基本信息登记业务申请表（一）》中的事项），因为所有涉及外汇业务凭证信息的变更都需要承诺外方股东是否直接或间接地被境内居民持股或控制，如存在虚假、误导性陈述骗取外汇登记的行为，外资公司及其法定代表人愿意承担由此而导致的法律后果。如果外资企业按照当前境外股权结构的实际情况向境内权益所在地银行承诺外方股东没有直接或间接地被境内居民持股或控制，而境内权益所在地银行审批人员从资本项目系统中查询该外资企业的标识仍然为"返程投资公司"，就会要求企业让境内居民前来办理境内居民个人境外投资外汇变更登记，而境内居民鉴于上述原因拖延时间，不予配合，这就形成一个僵局。如果外资企业不按照当前境外股权结构的实际情况而向境内权益所在地银行作出虚假承诺：承诺外方股东仍然被境内居民持股或控制，那么境内权益所在地银行审批人员仍然按照境外公司为特殊目的公司、境内外资企业为返程投资企业的监管原则对待，这样的承诺在法律上属于外资企业存在虚假、误导性陈述骗取外汇登记的行为；同时在商业上就境外公司股份结构真实性存在极大的风险。

二、解决方案

1. 建议律师在撰写境外股权转让相关的法律文件时，将境内居民应该履行的下述义务作为交割条件：

（1）办理关于境内居民持有境外特殊目的公司的股份变更为0%的外汇变更登记，以及特殊目的公司注销登记手续（如果境内居民以其持股100%的BVI公司出售股份的情况下）；

（2）持变更后的《境内居民个人境外投资外汇登记表》到境内权益所在地银行办理将返程投资外资企业外汇业务凭证中的标识由"返程投资公司"变更为"非返程投资公司"的变更登记；

（3）开立"境外资产变现专用账户"，将从境外特殊目的公司减持的股份收益调回该账户（目前汇发〔2014〕37号文和汇发〔2015〕13号文无强制调回的规定）：

（4）向税务局申报并缴纳该项收益对应的个人所得税。

2. 建议律师在撰写境外股权转让相关的法律文件时，将股权对价支付条款中尾款的金额或者比例增大，并同时设定第1条的交割条件为支付尾款条件。

3．建议律师在撰写境外股权转让相关的法律文件时，约定当境内居民不履行或者拖延履行第（1）条的交割条件时，约定证明境内居民不履行该法律义务的合法取证方式，以及解决争议的方式。

4．一旦遇到因股权转让法律交易文件的疏漏导致上述情况已经发生，需要依据不同的案例情况一事一议。

7. → 境外特殊目的公司注销后，境内居民是否需要将分红款调回境内？如果需要调回境内，涉及的办理流程是什么？

答：参见本书第128页问题6。

7.5　境外直接投资特殊目的公司存量权益登记

1. → 什么是境外直接投资特殊目的公司存量权益登记？

答：根据汇发〔2015〕13号文附件《直接投资外汇业务操作指引》的规定，境外投资企业（含境内居民个人在境外设立的特殊目的公司）的境内投资主体应每年通过外汇局资本项目信息系统银行端向外汇局报送上年度境外企业资产、负债和所有者权益相关数据信息。

2. → 境外直接投资特殊目的公司存量权益登记在哪办理？

答：登记地银行或外汇管理局。

3. → 境外直接投资特殊目的公司存量权益登记的办理时段是什么？

答：汇发〔2015〕13号文附件《直接投资外汇业务操

作指引》规定，"境外投资企业（含境内居民个人在境外设立的特殊目的公司）的境内投资主体应于每年1月1日至9月30日（含）期间，通过外汇局资本项目信息系统银行端向外汇局报送上年度境外企业资产、负债和所有者权益相关数据信息。"

在法律实践中，每年需要根据外汇管理局发布的通知更新办理时间。

在北京地区，国家外汇管理局北京外汇管理部《关于2017年度直接投资存量权益登记相关政策的工作提示》规定，"自2017年起，国家外汇管理局资本项目司要求辖内相关市场主体应于6月30日（含）前，自行或委托会计师事务所、银行通过外汇局资本项目信息系统报送上年度直接投资存量权益数据。"

4. → 什么企业需要办理境外直接投资特殊目的公司存量权益登记？

答：境内居民个人在境外直接持股的特殊目的公司。

5. → 境外直接投资存量权益登记的申报主体是什么？

答：根据汇发〔2015〕13号文附件《直接投资外汇业务操作指引》的规定，"由两个或两个以上境内投资主体共同投资一家境外投资企业（含境内居民个人在境外设立的特殊目的公司）的，各境内投资主体应确定其中一个境内投资主体作为境外直接投资存量权益信息申报主体，由其向境外投资企业登记地外汇局申报相关信息，其他境内投资主体不再申报。持股比例最大的境内投资主体原则上为申报责任股东，若持股比例相同，由相关境内投资主体约定其中一个境内投资主体为申报责任股东。"

6. → 境外直接投资特殊目的公司存量权益登记申报数据是否需要提供相应的证据链支持？

答： 根据汇发〔2015〕13号文附件《直接投资外汇业务操作指引》的规定，"境外投资企业（含境内居民个人在境外设立的特殊目的公司）的境内投资主体自行对数据信息的真实性、准确性负责，境外投资企业登记地外汇局不再逐项审核。"

在法律实践中，部分银行会要求提供境外特殊目的公司的审计报告或财务数据。

7. → 不及时办理境外特殊目的公司存量权益登记有何风险？是否可以补办境外特殊目的公司存量权益登记？

答： 在没有办理特殊目的公司存量权益登记前，境内居民不能够为其新搭建的股权架构办理特殊目的公司登记。目前各地银行（外汇管理局）可以补办境外特殊目的公司存量权益登记。

在法律实践中，从2018年1月2日开始，大量未办理特殊目的公司存量权益登记的股东已被外汇管理局系统管控，需要先行通过银行或外汇管理局补录特殊目的公司存量权益登记财务数据后，到各地外汇管理局进行管控解除申报，在此申报过程，可能会对个人产生罚款。

7.6　外资企业外汇业务登记凭证标识

1. → 外资公司外汇业务登记凭证标识有哪几类？

答：如下表所示：

登记年限	参考法规（文号）	标识种类
2005.11.01 前	无法规	无规定
2005.11.01－2011.07.01	汇发〔2005〕75 号 ＋汇综发〔2007〕106 号	● 返程投资 ● 非返程投资
2011.07.01－2012.11.21	汇发〔2005〕75 号 ＋汇发〔2011〕19 号	● 特殊目的公司返程投资 ● 非特殊目的公司返程投资 ● 非返程投资
2012.11.21－2014.07.04	汇发〔2005〕75 号 ＋汇发〔2012〕59 号	● 个人特殊目的公司返程投资 ● 个人非特殊目的公司返程投资 ● 机构特殊目的公司返程投资 ● 机构非特殊目的公司返程投资 ● 非返程投资
2014.07.04 至今	汇发〔2014〕37 号 汇发〔2015〕13 号	● 返程投资 ● 非返程投资

2. → 返程与非返程标识错误会有什么风险？

答：请参见本书第133页问题6。

3. → 如何查询外资公司标识状态？

答：企业可通过外汇局资本项目信息系统银行端进行查询。

4. → 什么情况下需要办理外汇业务登记凭证标识变更登记？

答：当外资企业外方股东实际控制人国籍发生变更时，需要及时办理外汇业务登记凭证标识的变更。

关于专项披露信息重点内容的解读

一、VIE协议架构中涉及WOFE的合规性考察

1．已经发展改革委（如需）、商务委员会、工商批准，获得相关批复、批准证书及营业执照。

2．已办理外汇业务登记凭证，并且WOFE标识正确无误。

3．已按时完成了相关年报，包括：

（1）工商局年报：企业信用信息公示系统年报；

（2）外汇局年报：外商投资存量权益登记；

（3）商务委等联合年报：商务部、财政部、税务总局、统计局联合监管的外商投资企业年度投资经营信息网上联合报告。

4．已合规开立了银行账户：资本金账户，人民币基本户，人民币一般户。

5．已按时办理了国税、地税报道，已每月按时进行税务申报。

6．需企业自行公示信息已按时公示，未被载入企业经营异常名录。

7．租赁地址在有效期内，且符合工商考察的要求。

二、VIE协议架构中涉及汇发〔2014〕37号文外汇登记的事项

1．搭建VIE架构之初，已合规办理了汇发〔2014〕37号文初始登记；

2．境外架构变更时，已合规办理了汇发〔2014〕37号文变更登记；

3．拆除VIE架构时，已合规办理了汇发〔2014〕37号文注销登记。

三、VIE协议架构中涉及税收方面的合规性

1．个人/企业所得税：境内权益公司、WOFE需合规缴纳个人所得税及企业所得税。

2．预提所得税：境内权益公司收购WOFE时，境内权益公司需支付WOFE股东股权转让对价款，境内权益公司需代扣代缴10%的WOFE股东的预提所得税。

3．境外回购时涉及的所得税：

（1）对于境外以回购或分红方式退出的中国自然人：涉及20%所得税。

（2）对于回购退出的境外投资人：涉及10%非居民企业法人所得税。

4．境内公司内部重组涉及的税收：涉及所得税、营业税、契税等。如投资方是以收购原股东部分股权方式投资境内权益公司，则原股东须缴纳所得税（个人/企业所得税）。

四、VIE协议架构拆除后，标的资产的生产经营需符合国家产业政策

1．如涉及互联网信息提供等外商投资限制类行业，需确保在拆除后不违反外资限制政策，如要继续保留外资成分，可考虑通过自贸区开放平台操作。

2．确保生产经营符合国家有关环境保护、土地管理等法律和行政法规的规定。

五、主板/中小板借壳上市情形需关注重点问题

1．实际控制人需保证3年内未变更；

2．董事、高级管理人员3年内无重大变更；有变化则不超过2/3；

3．主营业务3年内无重大变化；

4．业绩符合主板、中小板IPO要求。

8. 境内居民参与非上市／上市公司股权激励计划

8.1 境内居民参与境外非上市特殊目的公司股权激励计划

1. → 什么是非上市特殊目的公司？

答：是指境内居民（含境内机构和境内居民个人）以投融资为目的，以其合法持有的境内企业资产或权益，或者以其合法持有的境外资产或权益，在境外直接设立或间接控制的未上市的境外企业。

2. → 哪些境内居民可以参与境外非上市特殊目的公司员工股权激励计划？

答：境外非上市特殊目的公司直接或间接控制的境内企业的董事、监事、高级管理人员及其他与公司具有雇用或劳务关系的员工可以参与员工股权激励计划。

3. → 中国境内居民在境外非上市特殊目的公司合规持股的登记方式有哪些？

答：按照汇发〔2014〕37号文及汇发〔2015〕13号文的规定，办理境内居民个人境外投资外汇登记或参与境外非上市特殊目的公司股权激励计划。

4. → 境内个人如何办理非上市特殊目的公司股权激励外汇登记？

答：根据国家外汇管理局窗口指导意见，个人境外设立特殊目的公司并返程投资项下，参与同一项境外非上市特殊目的公司股权激励计划的个人，可以采取以下两种方式办理外汇登记：一是委托其中一人集中办理外汇登记，并可委托其中一人办理个人行权、购买与出售对应股票或权益，但委托人与受托人之间应签订相应的委托协议，并厘清相互之间的责任和义务；二是可以通过所属境内公司委托一家境内代理机构统一办理外汇登记、行权、购买与出售对应股票或权益，境内个人与境内代理机构之间应签订相应的委托协议，并厘清相互之间的责任和义务。

5. → 境内居民参与境外非上市公司权益激励种类有哪些？

答：员工持股计划、股票期权、股票增值权、限制性股票、业绩股票、虚拟股票、员工购股权计划等。

6. → 境内员工参与境外非上市特殊目的公司股权激励计划时是否可以以现金行权的方式购买境外非上市特殊目的公司股份？

答：在法律实践中，目前暂时不允许境内员工通过现金行权的方式购买境外非上市特殊目的公司股份。

7. → 境内居民参与境外非上市特殊目的公司股权激励计划在何时登记？

答：境内居民参与境外非上市公司特殊目的公司股权激励计划应在行权前进行登记。在法律实践中，北京外汇管理部门要求境内居民在其出售其境外股权前再进行登记。

8. → 境内居民参与境外非上市特殊目的公司股权激励计划登记后员工的收益应该以什么路径汇回境内？

答：向登记地银行递交申请资料，待银行审核后，凭借批准的外汇业务登记凭证在银行开立境外资产变现专用账户，境外资金打入该专用账户，待个人缴纳所得税后，从资产变现专用账户结汇到人民币账户。在法律实践中，如登记员工人数较多，需要与受理银行沟通，部分银行会采用由1位申请人代为登记办理。

8.2 境内居民参与境外上市公司股权激励计划

1. → 什么是境内个人参与境外上市公司股权激励计划？

答：是指境内公司的董事、监事、高级管理人员、其他员工等与公司具有雇用或劳务关系的个人以境外上市公司股票为标的进行权益激励的计划，包括员工持股计划、股票期权计划等法律、法规允许的股权激励方式。

2. → 哪些境内公司的员工可以参与境外上市公司股权激励计划登记？

答：根据《国家外汇管理局关于境内个人参与境外上市公司股权激励计划外汇管理有关问题的通知》（汇发〔2012〕7号）（以下简称汇发〔2012〕7号文）的规定，员工可以参与股权激励计划登记的境内公司是指"在境内注册的境外上市公司、境外上市公司在境内的分支机构（含代表处）以及与境外上市公司有控股关系或实际控制关系的境内各级母、子公司或合伙企业等境内机构"。

3. → 需要办理境内个人参与境外上市公司股权激励计划登记的境内个人有哪些？其中外籍个人办理登记有哪些要求？

答：根据汇发〔2012〕7号文的规定，需要办理境内个人参与境外上市公司股权激励计划登记的境内个人是指"符合《中华人民共和国外汇管理条例》第五十二条规定的境内公司董事、监事、高级管理人员及其他员工，包括中国公民（含港澳台籍）及外籍个人"。其中外籍个人在登记时需要提交"外籍人员说明函"，内容包含外籍人员的姓名、护照号、在大陆居住满一年的起始日期，并同时提供出入境记录。

4. → 应在何时办理境内个人参与境外上市公司股权激励计划登记？

答：根据《资本项目外汇业务操作指引（2017年版）》，没有明确规定境内个人参与境外上市公司股权激励计划登记的时间，但是在未办理该登记前，不得办理开户、购付汇及境外资金调回等相关业务。境内代理机构应在发生重大变更情况后的3个月内，到所在地外汇局办理变更登记手续。

5. → 境内个人参与境外上市公司股权激励计划登记后员工的收益应该以什么路径汇回境内？

答：境内代理机构在银行开立境内专用外汇账户，出售股份的收益将由境外受托机构汇付至境内专用外汇账户。境内个人的应付个人所得税款项应由聘用单位代扣代缴。此后，扣除相关个人所得税款项后的净收入应从境内专用外汇账户汇付至境内个人的个人银行账户中。

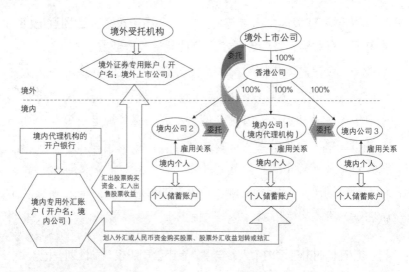

6. → 在登记时，境外上市公司公告及能够证明境外上市公司激励计划的证明材料怎样准备？

答：需要到境外证券交易所的网站上查询到境外上市公司实施激励计划的截图。整体的查询过程需要每一步网站的截图，并对截图中境外上市公司相关公告等能够证明股权激励计划真实性的证明材料以及查询过程进行解释和中文翻译。

7. →在申报过程中，需要填写境内专用外汇账户的哪些银行信息？

答：首次申请办理登记手续时，应同时申请付汇额度并注明境内专用外汇账户开户银行。需要填写银行名称、支行名称及银行地址。

8. → 怎样选择合格的境外受托机构？

答：首先，合格的境外受托机构应为具有证券经纪业务资格的金融机构或境外上市公司指定的受托管理机构。其次，境外受托机构还需要了解中国的境内个人参与境外上市公司股权激励计划的政策。

9. → 用上海公司作为境内代理机构登记时需要注意哪些事项？

答：在法律实践中，参与激励计划人员离职后所持权益需要在6个月内处理；若计划类别是"员工持股计划"，在《境内个人参与境外上市公司股权激励计划外汇登记表》中的收益计算方法的表述中，不允许行权售股当日股价扣除行权成本。

10. → 如未办理境内个人参与境外上市公司股权激励计划登记，有什么恶果？什么情况涉及罚款？

答：如未办理境内个人参与境外上市公司股权激励计划登记的，不能开立境内专用外汇账户，不能合规办理购付汇及境外资金调回。在向外汇管理局申请外汇登记之前，如被授权员工发生任何行权，或发生任何跨境收支及结售汇，会涉及处罚。

11. → 境内个人参与境外上市公司股权激励计划常见的违规行为有哪些？

答：（1）境外授权机构由于不了解汇发〔2012〕7号文，引导客户违规操作激励计划资金流回境内。

（2）境内代理机构在向外汇管理局办理境内个人参与境外上市公司股权激励计划登记前境内个人已在境外上市公司获得激励计划股票。

（3）境内代理机构在向外汇管理局办理境内个人参与境外上市公司股权激励计划登记前，境内个人将激励计划股票出售获得收益调回境内。

12. → 在当前控制外汇流出的情况下，办理境内个人参与境外上市公司股权激励计划登记需要批准的付汇额度有什么限制？

答：在当前控制外汇流出的情况下，北京外汇管理局批准的付汇额度在100万美元以下。各地区政府部门额度会有差异，按照各地外汇管理局要求为准。

13. → 什么是境内个人参与境外上市公司股权激励计划季度备案？

答：指境内代理机构于每季度初三个工作日内向所在地外汇局报送的《境内个人参与境外上市公司股权激励计划情况备案汇表》。具体如下表所示。

境内个人参与境外上市公司股权激励计划情况备案表

_____年_____季度

境内代理机构名称（公章）: _____ 币种: _____

计划名称				
股权激励计划外汇登记编号		参与公司数量		
境内专用外汇账户开户银行		账号		
计划类别	□员工持股计划 □股票期权 □股票增值权 □限制性股票单位 □业绩股票（单位）□ 虚拟股票 □员工购股权计划 □其他			
授予方式	□ 现金认购/行权 □ 非现金认购/行权			

		期初数	本期发生	期末数
配发/认购情况	配发/认购人次			
	配发/认购数量			
	认购价格（元）	—		—
	已取消股票/权益人次			
	已取消股票/权益数量			
	出售股票/权益人次			
	出售股票/权益数量			
出售情况	所得外汇(净)收益（元）			
	尚未出售的股票/权益数量		—	
付汇额度使用情况（元）	持股期间送、配股数量			
	持有股票/权益数量			
	批准的付汇额度			
	付汇金额			
	其中：购汇			
	剩余可用付汇额度		—	
出售股票或权益所得资金汇回境内专用外汇账户	本金	汇回金额		
		其中：结汇		
	收益	汇回金额		
		其中：结汇		
		划入个人外汇储蓄账户		

填表人: _____ 联系电话: _____

负责人: _____ 联系电话: _____

填表日期: _____年___月___日

14. → 境内个人参与境外上市公司股权激励计划登记后季度备案应该向哪个部门报送？

答： 应向所在地外汇管理局报送。

15. → 境内个人参与境外上市公司股权激励计划登记后季度备案应包含哪些内容？

答： 计划类别、计划授予方式、配发/认购情况、股票持有及出售情况、付汇额度使用情况、出售股票或权益所得资金汇回境内专用外汇账户情况。

16. → 境内个人参与境外上市公司股权激励计划登记后没有季度备案会有什么后果？

答： 国家外汇管理局及其分支机构对个人参与境外上市公司所涉及外汇业务实施监督、管理和检查。境内代理机构没有季度备案的，国家外汇管理局及其分支机构可依法采取相应的监督措施和行政处罚。

REMINDER

关于境内居民参与境外公司股权激励计划的温馨提示

在常见的商业需求中，境内居民参与境外公司股权激励计划的情况分为以下几种，依据现行的法律法规，只有表格中满足规定的条件下方可办理登记，从而获得参与境外公司股权激励计划的合法证明。

类型编号／法律要点	境外非上市公司		境外上市公司	
	特殊目的公司	非特殊目的公司	特殊目的公司	非特殊目的公司
编号	A	B	C	D
定义	已办理《境内居民个人境外投资外汇登记》的境内居民个人直接或间接持股的境外公司	穿透没有境内居民或境内企业持股的公司	已办理《境内居民个人境外投资外汇登记》的境内居民个人直接或间接持股的境外公司	穿透没有境内居民或境内企业持股的境外公司

续表

类型编号/法律要点	境外非上市公司		境外上市公司	
	特殊目的公司	非特殊目的公司	特殊目的公司	非特殊目的公司
编号	A	B	C	D
是否允许参与计划	是	没有法律法规支持，可通过其他合规方式实现	是	是
是否可以办理登记	是	没有法律法规支持、可通过其他合规方式实现	是	是
是否可以购汇汇出计划认购资金	否	没有法律法规支持、可通过其他合规方式实现	北京地区目前有额度限制	北京地区目前有额度限制
是否可以调回计划减持资金	是	没有法律法规支持、可通过其他合规方式实现	是	是
是否可以选择不调回计划减持资金	法律法规没有明确规定	法律法规没有明确规定	法律法规没有明确规定，在法律实践中要求调回	法律法规没有明确规定，在法律实践中要求调回
法条依据	汇发〔2014〕37号	商务部令2014年第3号 发展改革委令2017年第11号 汇发〔2014〕37号	汇发〔2012〕7号	汇发〔2012〕7号

在法律实践中，A、B、C、D四类有以下值得重点关注的地方：

A类：非上市特殊目的公司。

（1）"非上市特殊目的公司"在法律实践中是指：境内居民创始人持股且已经办理了境内居民个人境外投资外汇登记并获得《境内居民个人境外投资外汇登记表》的非上市境外公司。

（2）境内居民个人参与非上市特殊目的公司股权激励计划登记的前提是员工已经持股。北京地区要求境内居民个人只有在其出售境外公司股权且转让对价未调回境内之前办理登记，需要提供境外公司的股东名录（显示持股和转股的证明）和股权转让协议。

（3）境内居民拟通过购汇汇出资金购买非上市特殊目的公司股份的方式目前由于政策的原因不予批准。建议可以与当地外汇局商议后，将行权方式修改为未来股份减持时扣除行权对价的方式。目前北京已有实例可参考。

（4）境内居民个人必须是返程投资公司或其子公司的员工，"新浪模式"VIE结构中内资公司的员工无法办理股权激励计划登记。

（5）如需登记员工人数较多，需要提前与所在地银行沟通，在办理直投系统录入时，是否需要委托其中一名员工办理代持登记。

B类：非上市非特殊目的公司

（1）"非上市非特殊目的公司"在法律实践中是指：用穿透的原则追溯到最终没有境内居民个人或境内企业持股的非上市境外公司。

（2）目前法律法规不允许境内居民个人境外直接投资，因此，目前境内居民个人不能参与境外非上市非特殊目的公司的股权激励计划。

建议可以采取下面的方式解决境内居民个人在非上市非特殊目的公司参与股权激励计划的问题：

方案一：员工在境内设立持股的平台公司，在平台公司满足当前境内企业境外投资法律法规的条件下，办理境内企业境外投资审批/备案，使得员工通过境内持股平台间接持股境外非上市非特殊目的公司的股份。

方案二：员工在境内设立持股的权益公司，办理境内居民个人境外投资外汇登记并获得《境内居民个人境外投资外汇登记表》，使得员工通过境外特殊目的公司持股境外非上市非特殊目的公司的股份。

C类和D类：上市特殊目的公司和上市非特殊目的公司。

（1）股权激励计划起始日期与实施日期。

C类：股权激励计划起始日期与实施日期可在境外公司上市之前，上市前行权的员工按照汇发〔2014〕37号文办理员工股权激励计划外汇登记；在法律实践中，北京地区要求上市前行权的员工在申报时已将股权激励计划出售，上市后按照汇发〔2012〕7号文的要求进行登记。即无论是否办理过汇发〔2014〕37号文的股权激励计划登记，企业上市后，按照汇发〔2012〕7号文登记的股权激励计划的起始日期及实施日期只能在上市之后。上海、成都以及深圳地区由于未登记过非上市特殊目的公司股权激励计划，对于按照汇发〔2012〕7号文登记的股权激励计划的起始日期及实施日期也只能在上市之后。

D类：外汇管理局要求境内居民在境外尚未行权，且股权激励计划的起始日期及实施日期是境外公司上市日之后。如若境内居民参与境外上市公司股权激励计划的起始日期及实施日期早于境外公司上市日期，建议在可以进行商业安排调整的情况下，重新签署境外上市公司股权激励计划的起始日期和实施日期，并在上市当地证监会公告。

（2）股权激励计划购付汇额度。在当前加强境外投资监管，资金外流管控的形势下，各地外汇局对于境内居民参与境外上市公司股权激励计划中涉及购汇资金汇出的情况，在实践中也有不同的管理措施，如北京外汇管理部在办理汇发〔2012〕7号文登记案例中，能够批准的员工股权激励计划单次购付汇额度最大为100万美元，超过此金额的项目暂时无法获得批准。

建议可以采取下面的方式解决股权激励计划中购付汇额度问题：

方案一：分批次申请。根据参与股权激励计划境内居民优先级的不同，分批次向北京外汇管理局申请购付汇额度，满足每次申请金额100万美元以下的标准。

方案二：调整股权激励计划认购支付方式。将境内居民从境内购汇支付到境外参与股权激励计划资金控制在100万美元以内，剩余所需资金支付方式修订为境内居民行权且出售股份获得收益后再行扣除。不过，不同地方外汇部门监管情况不一致，如上海外汇管理部门不允许购股计划采用境外出售股份后扣除成本汇回利润的方式，具体需要咨询当地外汇管理部门。

8.3 境内居民参与境内上市公司股权激励计划

1.→ 境内居民参与境内上市公司股权激励计划有哪几种方式？

答：（1）虚拟股票，从法律上激励，即将股权的财产收益权转让给被激励人员，一般适用于早期公司、短期无上市安排的公司。

（2）期权股，公司给予其被激励人员在一定的期限内按照预先商定的价格购买一定公司股票的权利。

（3）限制性股票，激励对象按照股权激励计划规定的条件，从上市公司获得一定数量的本公司股票。

2. → 境内居民参与境内上市公司股权激励计划持股的形式有什么？有哪些优缺点？

答：形式有直接持有和通过持股平台持有。

直接持有的优点是激励效果明显，管理成本低；缺点是约束性小，股权结构变化快。

通过持股平台持有的优点是约束性强，股权结构稳定；缺点是激励效果不明显、管理成本高。

9. 境内企业境外投资

9.1　境内企业境外投资常见问题

1. → 什么是境内企业境外投资？

答：根据《企业境外投资管理办法》（国家发展改革委令2017年第11号）第二条的规定，境外投资是指"中华人民共和国境内企业（以下称'投资主体'）直接或通过其控制的境外企业，以投入资产、权益或提供融资、担保等方式，获得境外所有权、控制权、经营管理权及其他相关权益的投资活动。"

《境外投资管理办法》（商务部令2014年第3号令）第二条规定："境外投资，是指在中华人民共和国境内依法设立的企业通过新设、并购及其他方式在境外拥有非金融企业或取得既有非金融企业所有权、控制权、经营管理权及其他权益的行为。"

2. → 境内企业在境外投资非金融类业务需要到哪些部门备案/核准？不备案/核准有何危害？

答：地方企业境外投资非金融类项目的审批部门是省级商务部门、省级发展改革会、属地银行。若境内企业涉及国有成分则需要先行取得国资委或主管部门同意企业境外投资的批复。若境内企业为央企，在取得主管部门批复后应向商务部及国家发展改革委提交备案/核准申请。若境内企业为上市公司，应自行履行相关公告程序。

境内企业境外新设或并购境外企业若未按相关规定到主管

部门进行备案/核准，则境内企业无法合规将投资款汇到境外，也无法将境外收益合规汇回境内。若境外投资企业涉及在中国境内返程投资，因境外投资时未取得相关部门备案/核准文件，无法如实披露返程投资企业追溯是否有中国企业持股的情况，只能违规进行外汇登记，一旦被外汇部门查实，将最高按照跨境资本流动金额的30%进行处罚。

3. → 境内企业境外投资金融类业务的，应如何办理主管部门登记？

答：境内企业境外投资金融类项目，应直接向境内金融主管部门如人民银行、证监会、银监会、保监会等机构申请批准文件或无异议函，并且2018年3月1日起也需要根据《企业境外投资管理办法》（国家发展改革委令2017年第11号）的规定，向发改部门进行备案/核准，再向属地银行办理外汇登记。

4. → 金融机构境外投资金融类业务应如何办理境外直接投资外汇登记？

答：金融机构境外投资提供相关金融主管部门和发展改革部门对该项投资的批准文件或无异议函等进行相应登记。

5. → 金融机构用境内自有利润境外投资非金融类业务如何办理境外投资备案 / 核准？

答：金融机构若使用自有利润境外投资非金融类业务，可向商务、发展改革部门提交申请文件，通过备案/核准后再办理境外直接投资外汇登记。

6. → 境内个人是否可以到境外直接投资，如何才能合规境外投资？

答：在法律实践中，除境内个人到境外投资特殊目的公司需要依据（汇发〔2014〕37号文和汇发〔2015〕13号文）到属地银行办理《境内居民个人境外投资外汇登记》外，不允许其他境内居民个人境外直接投资行为。不过，在满足境内企业境外投资要求的前提下可以通过个人持有的境内企业进行境外投资。

另外，《企业境外投资管理办法》（国家发展改革委令2017年第11号）第六十三条规定："境内自然人通过其控制的境外企业或香港、澳门、台湾地区企业对境外开展投资的，参照本办法执行。"这意味着境内自然人通过其控制的境外企业在境外开展投资的，也需要进行发展改革部门的备案/核准手续。

7. → 哪些情况属于境外投资备案？哪些情况属于境外投资核准？

答：《企业境外投资管理办法》（国家发展改革委令2017年第11号）第十三条规定："实行核准管理的范围是投资主体直接或通过其控制的境外企业开展的敏感类项目。核准机关是国家发展改革委。本办法所称敏感类项目包括：（一）涉及敏感国家和地区的项目；（二）涉及敏感行业的项目。"根据《境外投资管理办法》（商务部令2014年第3号）规定，"企业境外投资涉及敏感国家和地区、敏感行业的，实行核准管理"。

其余情况均属于境外投资备案。

需要注意的是，发展改革部门和商务部门对敏感国家和地区、敏感行业的界定并不相同：

对于"敏感国家和地区"发展改革部门指的是"与我国未建交的国家和地区；发生战争、内乱的国家和地区"。根据我国缔结或参加的国际条约、协定等，需要限制企业对其投资的国家和地区；其他敏感国家和地区。"商务部门指的是"与中华人民共和国未建交的国家、受联合国制裁的国家。必要时，商务部可另行公布其他实行核准管理的国家和地区的名单"。

对于"敏感行业"，发展改革部门指的是"武器装备的研制生产维修；跨境水资源开发利用；新闻传媒；根据我国法律法规和有关调控政策，需要限制企业境外投资的行业。敏感行业目录由国家发展改革委发布"。而商务部门指的是"涉及出口中华人民共和国限制出口的产品和技术的行业、影响一国（地区）以上利益的行业"。

8. → 地方企业中方投资额 3 亿美元及以上的境外收购或竞标项目（非敏感类），应如何办理境外投资备案？

答：《企业境外投资管理办法》取消了《境外投资项目核准和备案管理办法》（国家发展改革委令2014年第9号）中，"中方投资额3亿美元及以上的境外收购或竞标项目，投资主体在对外开展实质性工作之前，应向国家发展改革委报送项目信息报告"（俗称"小路条"）的规定。根据《企业境外投资管理办法》，"投资主体是地方企业，且中方投资额3亿美元及以上的，备案机关是国家发展改革委"，地方可直接通过境外投资管理和服务网络系统向国家发改委履行备案手续。

商务部门并未按照投资金额大小区分审批权限。

9. → 前期费用的额度限制是多少？如何办理前期费用申请？

答：根据《国家外汇管理局关于进一步简化和改进直接投资外汇管理政策的通知》（汇发〔2015〕13号）（以下简称汇发〔2015〕13号文）的附件《直接投资外汇业务操作指引》中"2.1境内机构直接投资前期费用登记"的规定，"境内机构（含境内企业、银行及非银行金融机构）汇出境外的前期费用，累计汇出额原则上不超过300万美元且不超过中方投资总额的15%"；"银行通过外汇局资本项目信息系统为境内机构办理前期费用登记手续后，境内机构凭业务登记凭证直接到银行办理后续资金购付汇手续"；"如确有客观原因前期费用累计汇出额超过300万美元或超过中方投资总额15%的，境内投资者需提交说明函至注册地外汇局申请（外汇局按个案业务集体审议制度处理）办理"。

10. → 前期费用是否有时间限制？

答：根据汇发〔2015〕13号文）的附件《直接投资外汇业务操作指引》中的"2.1境内机构直接投资前期费用登记"的规定，"境内投资者在汇出前期费用之日起6个月内仍未设立境外投资项目或购买境外房产的，应向注册地外汇局报告其前期费用使用情况并将剩余资金退回。如确有客观原因，开户主体可提交说明函向原登记银行申请延期，经银行同意，6个月期限可适当延长，但最长不得超过12个月。"

11. → 境内企业可否用境内实物、无形资产作为对境外企业的投资？

答：境内企业可以用境内权益出资，包括实物、无形资产、股权、其他形式。应注意的是用境内权益出资，需要提供评估报告体现其货币价值，涉及权属性质变更的应办理相应变更手续。

12. → 境内企业境外投资是否可以使用境外资金投资？

答：根据汇发〔2015〕13号文的附件《直接投资外汇业务操作指引》中的"2.2境内机构境外直接投资外汇登记"的

规定，"境内企业可以以境外合法资产或权益（包括但不限于货币、有价证券、知识产权或技术、股权、债权等）向境外出资，但是在办理境外直接投资外汇登记时，银行应审核其境外资金留存或境外收益获取的合规性，涉嫌以其非法留存境外的资产或权益转做境外投资的，不得为其办理境外直接投资外汇登记，对涉嫌违规的移交外汇检查部门处理。"

13. → 境内企业以境内股权作为出资并购境外企业，应如何登记？

答：境内企业以境内股权作为出资并购境外企业实际上是境内外企业跨境换股的过程，根据《关于外国投资者并购境内企业的规定》（商务部令2009年第6号）的有关规定，"外国投资者以股权并购境内公司应报送商务部审批"。获得商务部批准后，境内公司按照《资本项目外汇业务操作指引（2017年版）》的相关规定，分别办理外国投资者并购境内企业外商投资企业基本信息登记以及境内机构境外直接投资外汇登记。

14. → 境内企业对境外投资的企业的名称有哪些注意事项？

答：《境外投资管理办法》（商务部令2014年第3号）第二十一条规定："企业对其投资的境外企业的冠名应当符合境内外法律法规和政策规定。未按国家有关规定获得批准的企业，其境外企业名称不得使用'中国''中华'等字样"。

另外，由于部分地方商务部门会将基金、投资管理、融资租赁等经营业务认为是金融类业务，因此在拟定名称前应该注意与当地商务部门进行沟通。

15. → 境外为多层架构，每个境外公司都需要备案/核准吗？

答：《企业境外投资证书》上只体现两个层级的境外企业：

（1）投资路径（限第一层级境外企业）：境内企业在境外设立的第一层级企业，该企业为投资平台，不从事具体经营业务。

（2）境外企业（最终目的地）：境内企业在境外的最后一级企业，即投资最终用于项目建设或生产经营等的境外企业。

第一层级及最终目的地之间的投资路径企业仅需要在项目内容中描述清楚即可。

企业境外投资证书按照境外投资最终目的地颁发，若该多层架构中涉及多个境外最终目的企业（实体企业）那应按照对应的境外投资最终目的企业申请备案/核准。

而发展改革委按照项目进行备案，一个投资协议一般按照一个项目统一进行备案即可。

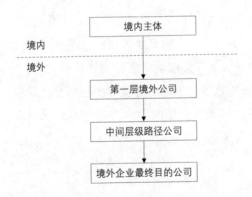

16. → 多个境内主体共同投资境外同一个实体项目应该如何备案 / 核准？

答：《境外投资管理办法》（商务部令2014年第3号）第十四条规定，"两个以上企业共同开展境外投资的，应当由相对大股东在征求其他投资方书面同意后办理备案或申请核准。

如果各方持股比例相等，应当协商后由一方办理备案或申请核准。如投资方不属同一行政区域，负责办理备案或核准的商务部或省级商务主管部门应当将备案或核准结果告知其他投资方所在地商务主管部门。"

《企业境外投资管理办法》（国家发展改革委令2017年第11号）第十六条规定："两个以上投资主体共同开展的项目，应当由投资额较大一方在征求其他投资方书面同意后提出核准、备案申请。如各方投资额相等，应当协商一致后由其中一方提出核准、备案申请。"

应注意同一实体项目在发展改革部门和商务部门的认定上是指境外企业（最终目的地）是同一个企业（如图1和图2所示两种类型情况）。

在办理境外直接投资外汇登记时应注意，境内主体在境外的不同持股情况将决定在不同属地进行外汇登记。

如图1，多个境内主体在境外第一层路径公司中共同持股，则应委托相对大股东办理境外直接投资外汇登记。

如图2，境内多个主体通过境外各自持有的路径公司最终投向一个最终目的地，则境内主体应各自在其属地银行办理境外直接投资外汇登记。

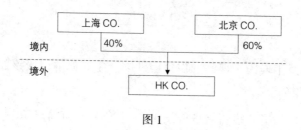

图1

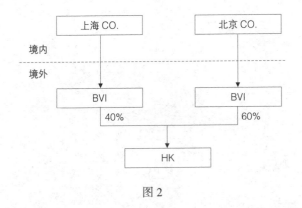

图 2

17. → 境外架构中只有离岸公司，是否可以通过境内企业境外投资备案 / 核准？

答：一般情况下，离岸公司如注册在英属维尔京群岛、开曼群岛的公司由于不能被认可为最终用于项目建设、生产经营或投资活动持续经营的所在地，因此不能作为境外企业（最终目的地），只能作为路径企业在架构中存在。

18. → 境外企业(最终目的地)能否披露最终目的地为中国大陆？

答：最终目的地不能为中国大陆，只能是最后一级境外企业。

19. → 境内企业收购一个离岸控股公司，该公司下有五个境外实体，应如何进行境外投资备案 / 核准？

答：《境外投资管理办法》（商务部令2014年第3号）第八条规定，"《证书》是企业境外投资获得备案或核准的凭证，按照境外投资最终目的地颁发。"因此，应对五个境外实体分别申请一个证书。

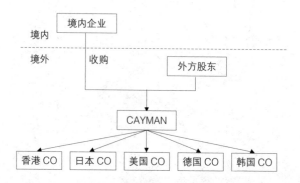

20. → 境外设立分支机构应如何办理备案手续?

答: 境外设立分支机构需向商务委员会申请《企业境外机构证书》,取得证书后参照境内机构境外直接投资办理外汇登记,应注意分支机构的开办费用纳入投资总额登记。

21. → 境内企业在香港成立分公司有何注意事项?

答: 根据香港《公司法例》第XI部,境内企业在香港成立的分公司,被称为非香港公司。其中对于名称的规定为"法团名称 (corporate name)就注册非香港公司而言,指该公司在公司登记册内注册所用的本土名称或本土名称的译名"。而境内企业在办理境外机构备案时,由于商务委员会系统录入时要求境外机构中文名称一定要有分公司、营业部、代表处类似字样(英文名称没有限制要求),且境外机构名称须与本土名称或其译名一致。因此,建议在香港分公司注册时使用本土名称的英文译名进行注册,以便境外机构申请书中的报备英文名称与境外机构的实际名称相符合。

22. → 境内企业在境外设立子公司及代表处 / 分公司以及对应的境内备案流程有何不同?

答:(1)境外注册、税收等不同(以香港为例):

注册及税收等	香港子公司	香港代表处	香港分公司
设立及维护费用	较高	较低	较低
与母公司的法律关系	独立法人实体	同一法人实体	同一法人实体
核算和纳税形式	独立核算并独立申报纳税	其财务和责任由母公司承担	其财务和责任由母公司承担
税收优惠	可享受当地税收优惠政策	不能享受当地优惠政策	不能享受当地优惠政策
业务开展形式	直接开展业务	只联系业务,一般不单独与客户形成直接的合同关系	直接开展业务

(2)境内核准/备案不同:

受理部门	境外设立子公司	境外设立代表处 / 分公司
国有企业上级主管部门	需要取得批复	需要取得批复
北京市发展改革委	需要核准或备案	无须核准或备案
北京市商务委	需要核准或备案	需要核准或备案
银行	按照资本项目进行登记	按照资本项目进行登记

境内企业到境外开展业务初期,对当地法律法规、税收、市场等情况不熟悉,经营处于起步阶段,发生亏损可能性较大的情况下,可以考虑设立分公司,从而使境外发生的亏损在总公司冲减。而当经营走向正轨,产品或服务打开销路时,应考虑设立子公司,这样可以在有盈利时保证能享受到当地税收优惠政策。

23. → 遗失《企业境外投资证书》应如何补办?

答:在办理证书变更时可提交在公开报刊上刊登证书遗失

说明替代证书原件，变更后商务部门发放变更后的证书。若无变更事项，将无法直接补办新证书。应注意，各地商务部门对于刊登报纸的规格具体有不同的要求。

24. → 境外直接投资企业的利润应如何调回境内？

答：境内企业凭业务登记凭证及境内投资主体获得境外企业利润的相关真实性证明材料即可办理。汇回利润可保留在相关市场主体经常项目外汇账户或直接结汇。

25. → 境外企业减资所得如何将资金汇回境内？

答：办理商务部门、发展改革部门关于减资的备案/核准及境内机构境外直接投资外汇变更登记后到银行开立境外资产变现账户，账户使用完毕后，银行可根据开户主体的申请直接办理账户注销手续。

26. → 已备案的境外公司再投资境外公司是否需要进行备案？

答：根据《境外投资管理办法》（商务部令2014年第3号）第二十五条规定："企业投资的境外企业开展境外再投资，在完成境外法律手续后，企业应当向商务主管部门报告。涉及中央企业的，中央企业通过'管理系统'填报相关信息，打印《境外中资企业再投资报告表》（以下简称《再投资报告表》，样式见附件4）并加盖印章后报商务部；涉及地方企业的，地方企业通过'管理系统'填报相关信息，打印《再投资报告表》并加盖印章后报省级商务主管部门。"

根据《企业境外投资管理办法》（国家发展改革委令2017年第11号）规定，投资主体通过其控制的境外企业开展大额非敏感类项目（指中方投资额3亿美元及以上的非敏感类项目）

的，投资主体应当在项目实施前通过网络系统提交大额非敏感类项目情况报告表，将有关信息告知国家发展改革委。

27. → 一家注册在上海的企业想从一家北京企业手中 100% 购买其境外公司，北京企业已按规定办理了境内企业境外投资备案，上海企业应如何办理境外投资备案？

答：（1）商务部门备案/核准：应由北京企业在商务部境外投资管理系统中申请境内主体变更，北京市商务委员会在收到申请后进行系统划转到上海市商务委员会，由上海市商务委员会出具变更后的《企业对外投资证书》。

（2）发改部门备案/核准：由上海企1业直接向上海市发展改革委申报项目信息取得备案/核准文件。

（3）外汇登记：应由北京企业凭变更后的《企业境外投资证书》到属地银行办理北京企业境外投资注销事宜，由上海企业到属地银行办理境外直接投资外汇登记。

28. → 境外企业因注销或转股使得境内企业不再持有境外股份，应如何办理注销手续？

答：企业终止已备案或核准的境外投资，应当在投资目的地依照当地法律办理注销等手续后，向原备案或核准的商务部门及发展改革部门报告，主管部门根据报告出具注销确认函，并办理境外直接投资外汇注销登记，涉及资金调回的，应开立境外资产变现账户收取境外调回资金。

29. → 境内企业境外投资后涉及哪些关于境外投资事宜的年报？未按时报送年报有何危害？

答：对于上一年度取得《企业境外投资证书》的境内企业，

在本年度5~8月（以各地商务部门具体通知时间为准）在商务部"对外投资合作信息服务系统"填报境内外企业上一年度的基本信息及经营信息。

未按时报送商务部统计年报报表的企业，不得申请对外援助项目施工任务实施企业资格及对外经济技术合作专项资金。

上一年度办理对外投资外汇登记的境内企业，还应报送外汇局相关年报，即在本年度6月30日以前应该在资本项目信息系统（ASONE系统）进行外汇存量权益登记。对于未按规定办理的相关市场主体，外汇局在资本项目信息系统中对其进行业务管控，银行不得为其办理资本项下外汇业务。在按要求补报并向外汇局出具说明函说明合理理由后，外汇局取消业务管控，对涉嫌违反外汇管理规定的，依法进行行政处罚。

9.2 2016 年 11 月 28 日后国家发展改革委、商务部、人民银行、外汇局加强境外投资监管后的新问题

1. → 商务及发展改革部门目前对于境外投资项目要求提供的基本资料有哪些？

答：商务部门需要的基本资料包括：

（1）对外投资设立企业或并购相关章程（或合同、协议）；

（2）相关董事会决议或出资决议；

（3）前期工作落实情况说明（包括尽职调查、可研报告、投资资金来源情况的说明、投资环境分析评价等）；

（4）境外投资真实性承诺书；

（5）属于并购类对外投资的还须提交《境外并购事项前期

报告表》；

（6）境外投资备案/核准申请表；

（7）境内企业营业执照副本。

发展改革部门需要的基本资料如下：

（1）投资主体投资决策文件；

（2）具有法律约束力的投资协议或类似文件（若无，请作出书面说明）；

（3）投资主体最新经审计的财务报表；

（4）追溯至最终实际控制人的投资主体股权架构图；

（5）证明投资资金来源真实合规的支持性文件；

（6）境外投资真实性承诺书；

（7）境外投资项目备案/核准申请表；

（8）项目单位法人身份证明（机构代码和营业执照复印件）。

2. → 鼓励开展的境外投资有哪些？

答： 根据2017年8月4日国务院办公厅转发的国家发展改革委、商务部、人民银行、外交部《关于进一步引导和规范境外投资方向的指导意见》的规定，"支持境内有能力、有条件的企业积极稳妥开展境外投资活动，推进'一带一路'建设，深化国际产能合作，带动国内优势产能、优质装备、适用技术输出，提升我国技术研发和生产制造能力，弥补我国能源资源短缺，推动我国相关产业提质升级。

（一）重点推进有利于'一带一路'建设和周边基础设施互联互通的基础设施境外投资。

（二）稳步开展带动优势产能、优质装备和技术标准输出的境外投资。

（三）加强与境外高新技术和先进制造业企业的投资合作，鼓励在境外设立研发中心。

（四）在审慎评估经济效益的基础上稳妥参与境外油气、矿产等能源资源勘探和开发。

（五）着力扩大农业对外合作，开展农林牧副渔等领域互利共赢的投资合作。

（六）有序推进商贸、文化、物流等服务领域境外投资，支持符合条件的金融机构在境外建立分支机构和服务网络，依法合规开展业务。"

3. → 限制开展的境外投资有哪些？

答： 根据2017年8月4日国务院办公厅转发的国家发展改革委、商务部、人民银行、外交部《关于进一步引导和规范境外投资方向的指导意见》的规定，"限制境内企业开展与国家和平发展外交方针、互利共赢开放战略以及宏观调控政策不符的境外投资，包括：

（一）赴与我国未建交、发生战乱或者我国缔结的双多边条约或协议规定需要限制的敏感国家和地区开展境外投资。

（二）房地产、酒店、影城、娱乐业、体育俱乐部等境外投资。

（三）在境外设立无具体实业项目的股权投资基金或投资平台。

（四）使用不符合投资目的国技术标准要求的落后生产设备开展境外投资。

（五）不符合投资目的国环保、能耗、安全标准的境外投资。

其中，前三类须经境外投资主管部门核准。"

大额非主业投资、有限合伙企业对外投资、"母小子大"

"快设快出"等类型的对外投资依旧建议有关企业审慎决策。

4. → 禁止开展的境外投资有哪些?

答: 根据2017年8月4日国务院办公厅转发的国家发展改革委、商务部、人民银行、外交部《关于进一步引导和规范境外投资方向的指导意见》的规定,"禁止境内企业参与危害或可能危害国家利益和国家安全等的境外投资,包括:

(一)涉及未经国家批准的军事工业核心技术和产品输出的境外投资。

(二)运用我国禁止出口的技术、工艺、产品的境外投资。

(三)赌博业、色情业等境外投资。

(四)我国缔结或参加的国际条约规定禁止的境外投资。

(五)其他危害或可能危害国家利益和国家安全的境外投资。"

5. → 中国企业在境外股权收购项目中常常会涉及分手费(break-up fee)条款,如果该企业最终没有获得中国政府ODI有关备案文件,进而触发该分手费支付义务,该企业如何实现购汇并向境外卖方支付分手费?

答: 因重大境外并购业务失败引发分手费的支付,实际上就是支付违约金,业务实质已从资本项下投资业务转向经常项下,企业应按经常项下如何支付违约金去考虑后续业务办理,而不能再通过境外投资相关渠道汇出资金。

在法律实践中,分手费问题比较复杂,银行办理相关业务非常谨慎,建议在协议中加入免责条款,明确如无法取得政府批文而非企业自身原因导致收购失败,企业免责。西方国家企业在收购协议中通常设立此类保护条款。如果必须支付且确有支付违约金的合理原因,需与当地外汇局沟通。

关于人民币基金投资 VIE 结构难点的温馨提示

在境内企业搭建红筹架构以寻求境外上市过程中，境内企业搭建的原A股上市股权结构中的人民币基金投资方出于资本退出的需要，须在境外拟上市公司实现持股。本文将对于在现行法律法规与实操经验下，人民币基金投资VIE结构所面临的难点加以汇总。

在当前鼓励资金"引进来"，控制不合理不合规的资金"走出去"的监管趋势下，就境内企业境外投资监管，国家各部委自2016年底以来，陆续出台了各种通知和相关法律法规，其中2017年8月4日，国务院办公厅转发国家发展改革委、商务部、人民银行、外交部《关于进一步引导和规范境外投资方向的指导意见》的通知（国办发〔2017〕74号）中明文规定："限制境内企业开展与国家和平发展外交方针、互利共赢开放战略以及宏观调控政策不符的境外投资"，其中包括在境外设立无具体实业项目的股权投资基金或投资平台。

那么，人民币基金公司投资VIE结构的难点在哪些方面呢？我们通过列表加以说明。

现行法律法规监管要点	国家监管要求	人民币基金商业背景要求
合格境内投资主体	1. 经营范围为非敏感行业的实体运营主体	投资管理、投资咨询、资产管理，通常没有实业运营，以投资、投资管理为主营业务
	2. 投资资金来源要求：企业自身盈利，以及在一定资产负债率下的借贷资金用于境外投资	私募基金管理人发行的基金产品均为向合规投资者募集的资金，有一定的退出期限，已经在投资的项目一般在没有退出前无法获得财务指标上的盈利要求
	3. 不得快设快出，一般要求企业成立期限一年以上	私募基金管理人发行的基金产品成立后马上就要进行境内、境外投资
	4. 各地政府审批机关对待境内投资主体为合伙企业形式的，都谨慎对待	私募基金管理人发行的基金产品大部分为有限合伙，也有少量有限公司、契约型基金等形式

续表

现行法律法规监管要点	国家监管要求	人民币基金商业背景要求
境外项目为实业项目	境外最终目的公司所在国别和行业必须为非敏感国家和非敏感行业的实业项目	在境外红筹结构中大部分境外公司没有实际运营项目（只有少量境外特殊目的公司在境外有实体项目运营），设立境外公司主要目的是将境内权益公司装入，实现财务价值
境外投资金额	不论新设立还是并购境外最终目的公司，均要求提供境外项目的资金用途或者并购金额的合理性，如律师事务所或者会计师事务所出具的尽职调查报告。部分地方政府机关对于境外投资资金在1000万美元及以上的新设立境外公司，均需要提供尽职调查报告	人民币基金公司已经按照公允价格投资到境内VIE内资公司，因此，在商业实质上希望仅以境外拟上市公司的票面价格映射其在境内的股份
境外敏感项目	2018年3月1日后，根据《企业境外投资管理办法》（国家发展改革委令2017年第11号），如果境内居民个人在境外设立的特殊目的公司控制的境外企业涉及投资了敏感行业，如房地产、酒店、影城、娱乐业、体育俱乐部，包括在境外设立无具体实业项目的股权投资基金或投资平台，都需要提交国家发展改革委核准	人民币基金公司如果投资到VIE结构中的境外拟上市公司，而该公司在境外如果涉及投资了敏感行业，如房地产、酒店、影城、娱乐业、体育俱乐部，包括在境外设立无具体实业项目的股权投资基金或投资平台，都需要提交国家发展改革委核准

10. 私募基金管理人登记及产品备案

10.1　登记

1. → 申请机构是否必须加入基金业协会？

答：从事私募证券投资基金业务的管理人，应当加入中国证券投资基金业协会（以下简称基金业协会）；从事非私募证券投资基金业务的管理人，可自愿加入基金业协会。

2. → 申请机构的企业名称和经营范围如何确定？

答：出于专业化管理的考虑，私募基金管理人的企业名称和经营范围中应当包括"基金管理""投资管理""资产管理""股权投资""创业投资"等字样。同时，基金管理人的企业名称及经营范围应该体现实际业务范围。具体而言，私募股权投资基金管理人的经营范围可以包括"股权投资"；但对于私募证券投资基金管理人，其经营范围不能是"股权投资"或"投资咨询"（除非本身是持牌证券投资咨询机构）。同一私募基金管理人不可兼营多种类型的私募基金管理业务。

3. → 申请机构的实缴注册资本应满足什么要求？

答：私募基金管理机构应当具备适当资本，以能够支持其半年内的基本运营为原则，其他监管细则为：实缴资本大于等于注册资本的25%，且不得低于200万元人民币；未认缴注册资本不得高于500万元。

4. → 申请机构的注册地址与经营地址不一致时应注意什么？

答：注册地址与经营地址不一致，律师要如实陈述并说明理由。资产管理业务综合报送系统需要提交实际经营地址带有公司名称LOGO的前台照片。

5. → 申请机构在没有实际控制人的情况下，是否可以申请私募基金管理人登记？

答：不可以。基金业协会要求私募基金管理人必须有实际控制人。关于实际控制人的认定标准，基金业协会认可从各种角度进行的论证，包括但不限于控股股东、公司各股东协商一致推选的机构/个人，或者在公司拥有实际话语权或决策权的机构/个人等。并且基金业协会接受在认定实际控制人时可以追溯到自然人、国有企业或大型上市公司。实际控制人的认定可以不限于一位主体，公司可以认定由若干人士共同控制。

6. → 申请机构聘任高管人员时应考虑哪些因素？

答：（1）对于股权类私募基金管理人，高管人员至少2名具备从业资格；对于证券类私募基金管理人，高管人员至少3名具备从业资格。

（2）聘任高管时应考虑高管人员的兼职情况、从业经验、行政处罚情况。

（3）聘用的高管人员应与申请机构签署劳动合同并缴纳社保。

7. → 申请机构注册地址与经营地址不一致时，高管人员的社保缴纳记录应如何处理？

答：私募基金管理人，高管人员可以不在申请机构的注册地址缴纳社保，可选择劳务派遣公司或者在子公司缴纳社保，但必须出具相应情况说明。在这种情况下，私募基金管理人的高管人员不能跟投。对于新完成注册的公司，基金业协会同样要求高管人员必须缴纳社保，不接受写承诺函承诺日后再上社保的方式。

8. → 私募基金管理人登记时，对申请机构聘用兼职人员的具体要求是什么？

答：（1）私募基金管理人的高级管理人员可以在非私募机构或者关联的私募机构兼职；

（2）私募基金管理人对聘用的全部兼职人员的就业单位需出具同意其在其他私募基金管理机构兼职的书面说明；

（3）私募基金管理人对聘用的全部兼职人员人数不计入员工总人数。

9. → 豁免穿透核查投资者并不再合并计算人数的情形是什么？

答：社会保障基金、企业年金等养老基金，慈善基金等社会公益基金；依法设立并在基金业协会备案的投资计划；投资于所管理私募基金的私募基金管理人及其从业人员；中国证监会规定的其他投资者。上述投资者豁免穿透核查最终投资者是否为合格投资者并不再合并计算投资者人数，将其视为单一合格投资者。

10. → 对于员工及员工持股平台作为合格投资人跟投，有何具体要求？

答：（1）自然人员工直接跟投的，仅限管理人正式员工（以管理人名义缴纳社保的员工作为标准）才能被认定为合格投资者，豁免100万元出资及其他相关要求。

（2）根据目前基金业协会对基金备案的审核反馈来看，有限合伙企业形式的员工跟投平台在基金中跟投的，跟投平台本身要符合合格投资人要求，即须投资金额不低于100万元、净资产不低于1000万元，同时要穿透核查到该员工跟投平台的所有合伙人（GP和LP）是否符合合格投资人要求。根据以往项目经验，员工持股平台层面是不能豁免合格投资者标准的。但由于基金备案时一般仅上传跟投平台对基金的认缴及实缴信息的相关资料，基金业协会会要求管理人对其他相关条件进行自行判断。

11.→ 基金业协会对于申请机构出资有何具体要求？

答：（1）根据《私募投资基金监督管理暂行办法》《私募投资基金管理人登记和基金备案办法（试行）》等要求，私募基金仅可以接受货币出资，不接受股权、设备或其他非货币形式的出资。

（2）基金业协会不接受代缴代付以及可能会产生纠纷的出资，基金的风险揭示书需要求投资者承诺出资为本人出资，不存在代持的情况。

（3）基金备案时投资人无须缴足全部认缴出资，基金业协会也不强制要求所有合伙人同步出资，但仍会考察基金总体实缴情况，比如基金只有极少部分的投资人进行了实缴，大部分的投资人还未履行实缴义务，基金业协会可能会认定其不符合备案的标准。

（4）现阶段证券类私募基金需严格执行《证券期货经营机构私募资产管理业务运作管理暂行规定》以及《证券期货经营机构私募资产管理计划备案管理规范第3号——结构化资产管理

计划》。非证券类基金虽不需要执行上述规定，但如果杠杆比例过高，还是会引起基金业协会的关注。这种情况下，基金业协会可能会进一步核查基金是否存在保本安排、是否存在抽屉协议等情形，还将视情况要求基金管理人就杠杆比例过高的问题出具相关的说明，或要求全部投资人签署知晓函。

12. → 投资于上市公司定增的基金应当备案为什么类型？

答：受托管理和自我管理以下投向的基金应登记为私募证券投资基金：股票类基金、债券类基金、货币类基金、混合类基金、期货期权等衍生品基金、资产证券化基金、上市公司定向增发基金、FOF、其他。对于投资"新三板"定向发行的产品，也应备案为私募证券投资基金。

13. → 私募基金管理人为境外机构，需满足哪些条件？

答：境外实际控制人应当为所在国家或地区金融监管当局批准或者许可的金融机构，且境外实际控制人所在国家或者地区的证券监管机构应当与中国证监会或者中国证监会认可的其他机构签订证券监管合作谅解备忘录。

14. → 基金主要投向为"新三板"，应按证券类还是股权类基金备案？

答：如果投向是已挂牌的"新三板"企业，选择证券类，如果投向是拟挂牌的企业，选择股权类。

15. → 私募基金是否必须托管？

答：除基金合同另有约定外，私募基金应当由基金托管人托管。基金合同约定私募基金不进行托管的，应当在基金合同中明确保障私募基金财产安全的制度措施和纠纷解决机制。

16. → 私募基金产品对于基金管理人与员工跟投是否有比例限制？

答：无比例限制，但是一定要有满足合格投资者要求的外部投资人参与投资。

17. → 基金产品备案是否必须有外部投资者？

答：是的，必须有外部投资者。若基金管理人直投或者基金产品仅为基金管理人及其工作人员认购的，基金业协会不予备案。

18. → 中国证券投资基金业协会要求私募基金管理人应在管理人办结登记手续之日起6个月内完成首只私募基金产品备案。如何理解6个月的备案期限？

答：6个月内备案私募基金应该以基金备案完成为准。考虑到基金业协会会对私募基金管理人提交的备案材料进行审核并在必要的情况下要求补充反馈，在6个月内提交私募基金备案申请并非意味着基金管理人必然符合"6个月内备案私募基金"的要求。为防止登记机构错过备案时间节点，基金业协会一般会在6个月期限届满前30日发送邮件提醒私募基金管理人在1个月内完成备案，并提示如未完成的就会被注销资格。

19. → 私募基金未完成备案登记能否对外投资？

答：根据《中华人民共和国证券投资基金法》《私募投资基金监督管理暂行办法》《私募投资基金管理人登记和基金备案办法（试行）》的相关规定，私募基金募集完成后，应当及时完成备案程序，否则私募管理人及其负责人员将会面临被责任的风险。根据基金业协会、证监会和股转系统发布的相关文件，应当进行如下区分：

（1）证监会监管明确，未完成备案基金不能参与（拟）上市公司发行业务和并购重组；

（2）股转系统态度宽松，未完成备案基金可以参与"新三板"业务，但是须承诺完成备案，且股转系统会持续关注承诺履行情况；

（3）对于证监会和股转系统监管体系之外的企业和产品，除基金合同明确约定外，未完成备案的私募基金可进行投资，目前没有相关的法律规定对其进行限制。但是，因中国证券登记结算有限责任公司要求申请开立私募基金证券账户须提供基金业协会出具的私募基金备案相关证明文件，因此如基金未完成备案对外进行投资仍存在一定障碍。

20. → 有限合伙企业如何界定是否需要登记备案？

答：（1）以投资活动为目的，即一个真正的私募基金，其成立目的应当主要是对外进行投资，而不是其他的目的，如实业经营、员工持股平台等。

（2）存在资金募集行为，一是募集方式非公开，即只能向特定对象募集资金，这与公开募集相对；二是存在资金募集的行为。

（3）资产由基金管理人管理，私募基金的资产，一般都委托管理人管理。私募基金管理人的职责，即是利用自己的专业能力运用基金资产对外投资，并从中收取一定比例的管理费。

10.2　重大事项变更及定期信息更新

1.→ 私募基金管理人哪些情形属于重大事项变更？

答：私募基金管理人发生以下重大事项的，应当在10个工作日内向基金业协会报告：

（1）私募基金管理人名称、高管发生变更。

（2）私募基金管理人的控股股东、实际控制人或者执行事务的合伙人发生变更；私募基金管理人分立或者合并。

（3）私募基金管理人或高级管理人员存在重大违法违规行为。

（4）依法解散、被依法撤销或者被依法宣告破产；可能损害投资者利益的其他重大事项。

2.→ 私募基金管理人登记过程中发生重大事项变更，属于登记备案还是变更？

答：属于登记事项。应对登记过程中发生的与已录入系统中不一致的信息进行说明，提交补充法律意见书。

3.→ 私募基金管理人有何定期更新要求？

答：（1）季度更新。已登记私募基金管理人应当在每季度结束之日起10个工作日内进行季度更新，包括管理人重大事项和违规失信情况、基金从业人员情况等信息。

（2）年度更新。私募基金管理人应当在每年度结束之日起

20个工作日内进行年度更新，包括上一年度相关财务信息、管理人基本材料年度变更、管理人重大事项和违规失信情况、基金从业人员情况等信息。经审计的财务信息及审计报告提交时间开放至4月底。

4. → 备案私募基金有何定期更新要求？

答：私募基金管理人应当在每季度结束之日起10个工作日内对所备案基金的基本信息进行季度更新，并在每年度结束之日起20个工作日对所备案基金的基本信息进行年度更新。

10.3 注销

1. → 私募基金管理人申请注销登记的情形有哪些？

答：经登记后的私募基金管理人依法解散、被依法撤销或者被依法宣告破产的，管理人应及时向基金业协会申请注销基金管理人登记。

2. → 被中国证券基金业协会注销私募基金管理人的情形有哪些？

答：（1）私募管理人登记备案时虚假或无备案信息；

（2）新登记的私募基金管理人6个月之内没备案产品；

（3）私募管理人不按要求披露基金信息；

（4）私募管理人不能按时报送信息或虚假信息的；

（5）私募基金管理人受到处分与纪律处分；

（6）私募基金管理人作为会员不缴会费的；

（7）私募基金管理人违法被证监会处罚；

（8）私募基金管理人主体资格终止的；

（9）主动注销。

3. → 私募基金产品清盘的情形有哪些？

答： 包含因存续期满而清盘，因公司业务结构调整而清盘，因净值下滑触及清盘线而清盘，以及因业绩不佳而主动清盘。

11. 行业许可

11.1 通信管理局：增值电信业务经营许可证

1. → 什么是增值电信业务经营许可证？

答：增值电信业务经营许可证的全称是"中华人民共和国电信与信息服务业务经营许可证"（以下简称ICP证），是通过互联网向上网用户提供有偿信息、网上广告、代制作网页、电子商务及其他网上应用服务的公司必须办理的网络经营许可证，国家对经营性网站实行增值电信业务许可证制度。

2. → 企业怎样判定自己的业务是否属于通信管理局监管的范围？

答：参照每年最新的《电信业务分类目录》。

3. → 办理 ICP 证的办理流程及材料是什么？

答：以北京市为例，详见北京市通信管理局网站（网址是：http://www.bca.gov.cn）→电信市场→许可证办理程序→增值电信业务经营许可审批办事指南。

4. → 企业是否需要取得营业执照后再办理 ICP 证？

答：需要。办理ICP证需要公司主体先成立。

5. → 办理 ICP 证是否需要实际办公地址，可否使用虚拟地址进行申报？

答：以北京市为例，在法律实践中，目前对企业注册地址没有一定是实体地址的要求，可以用虚拟地址进行申报。

6. → 办理 ICP 证对注册资本是否有要求？

答：《电信业务经营许可管理办法》（工业和信息化部令2017年第42号）第六条的规定，申请经营增值电信业务的，应当符合"在省、自治区、直辖市范围内经营的，注册资本最低限额为100万元人民币；在全国或者跨省、自治区、直辖市范围经营的，注册资本最低限额为1000万元人民币"。

7. → 办理 ICP 证对网页建设是否有相关要求？

答：ICP证申请主要针对的就是经营性网站，因此网站在建设上要有体现经营性的配置。

8. → 办理 ICP 证对从业人员的数量是否有要求？

答：最少为3人，应包括专人专岗的企业联系人、信息安全负责人、客服负责人，建议8人左右，且主要经营管理人员三年内无违反电信监督管理制度的违法记录。

9. → 法定代表人及其他高管是否可以是外籍人士？

答：以北京市为例，法定代表人及其他高管不可以为外籍人士。

10. → 办理 ICP 证，是否也需要办理 ICP 备案？

答：需要先办理完成ICP备案，方可办理ICP证。

11. → 上海相比北京办理 ICP 证的难度级别，具体难度点在何地方？

答：（1）上海整体许可指标比北京要少很多；

（2）上海关于业务实施计划描述审核较为严格；

（3）上海审核速度以及申报后的反馈速度很慢。

12. → 北京地区的企业，服务器托管是否可以在外地？

答：不可以，托管服务器的放置地必须在北京。

13. → 公司前期运营时还没有需要办理 ICP 证的相关业务，预计未来会发展此业务，可否在前期运营时办理 ICP 证？

答：可以申请，但是通常不予受理，首先网页中要体现出增值电信业务，另外目前申请企业较多，指标也相对有限，因此还未开展业务的企业申请下来难度较大。

14. → 外商投资企业是否可以办理 ICP 证？

答：《外商投资电信企业管理规定》（国务院令第666号）第四条规定，"外商投资电信企业可以经营基础电信业务、增值电信业务，具体业务分类依照电信条例的规定执行。外商投资电信企业经营业务的地域范围，由国务院工业和信息化主管部门按照有关规定确定。"

第六条规定，"经营基础电信业务（无线寻呼业务除外）的外商投资电信企业的外方投资者在企业中的出资比例，最终不得超过49%。经营增值电信业务（包括基础电信业务中的无线寻呼业务）的外商投资电信企业的外方投资者在企业中的出资比例，最终不得超过50%。外商投资电信企业的中方投资者和外方投资者在不同时期的出资比例，由国务院工业和信息化主管部门按照有关规定确定。"

在法律实践中，北京地区目前通常不予受理，上海自贸区及天津自贸区有成功的案例。

15. → 公司申请 ICP 证时，是否有股东穿透披露的要求？

答：根据"电信业务市场综合管理信息系统"中的填报说明规定：

（1）普通公司的股东应一直追溯到自然人或国有独资公司，若某级股东为上市公司，应追溯到最近一次披露的前十大股东，前十大股东中有法人股东时，该法人股东仅再追溯一级即可。

（2）申请者为上市公司时，股东股权结构图应画出最近一次披露的前十大股东，前十大股东中有法人股东时，该法人股东仅再追溯一级即可。

另如果股东穿透过程中某级股东含有外资成分，则按照《外商投资电信企业管理规定》的要求办理。

16. → 公司发生变更或注销，是否需要办理 ICP 证的变更和注销？

答：需要办理，通过"电信业务市场综合管理信息系统"进行申报。网站为：https://tsm.miit.gov.cn/pages/home.aspx。

11.2 食品药品监督管理局：食品经营许可证

1. → 什么是食品经营许可证，什么情况下需要办理？

答：（1）食品经营卫生许可证是卫生许可证的一个类别之一，是国家卫生主管部门对食品经营者颁发的允许进行食品经营的法定证件。

（2）通常涉及餐饮、食品销售等相关事项业务的企业，需要办理此证。

2. → 企业是否需要取得营业执照后再办理食品经营许可证？

答：是的，目前食品经营许可证属于后置审批，需要先有公司主体，并且在营业执照的经营范围中先添加如"餐饮服务""销售食品"等，方可申请。

3. → 办理食品经营许可证，是否需要实际办公地址，可否使用虚拟地址进行申报？

答：需要实际办公地址，且要进行实地核查，不可使用虚拟地址进行申报。

4. → 办理食品经营许可证，对注册资本是否有要求？

答：目前没有此方面的要求，但要符合能够正常经营的实际情况。

5. → 办理食品经营许可证，对办公地址的位置、面积是否有特殊要求？

答：对办公地址有一定的要求，首先必须是商用或办公，但除了商场以及部分一楼的零售店铺可以做零售相关产品以外，其他地址通常只能做相关产品的批发。另外还需要不同面积的仓库，可以不在办公地址内，具体的要求需要参照各地方食品药品监督管理局的要求，如北京市朝阳区要求仓库面积不小于15平方米。

6. → 办理食品经营许可证，是否需要实地核查？

答：根据情况而定，在法律实践中，通常需要进行实地核查。

《食品经营许可管理办法》（国家食药监督管理总局令第17号）第十六条规定："县级以上地方食品药品监督管理部门应当对申请人提交的许可申请材料进行审查。需要对申请材料的实质内容进行核实的，应当进行现场核查。仅申请预包装食品销售（不含冷藏冷冻食品）的，以及食品经营许可变更不改变设施和布局的，可以不进行现场核查。食品药品监督管理部门可以委托下级食品药品监督管理部门，对受理的食品经营许可申请进行现场核查。核查人员应当自接受现场核查任务之日起10个工作日内，完成对经营场所的现场核查。"

7. → 企业变更地址了，是否需要重新办理食品经营许可证？

答：《食品经营许可管理办法》（国家食药监管总局令第17号）第二十七条规定："经营场所发生变化的，应当重新申请食品经营许可。外设仓库地址发生变化的，食品经营者应当在变化后10个工作日内向原发证的食品药品监督管理部门报告。"

8. → 一些特殊食品类，是否还需要额外办理其他的资质？

答：目前政府部门已经对办理特殊食品类流程进行简化，不需要办理额外的证照，但是在办理食品经营许可证的过程中，如果涉及特殊食品类，需如实申报，并会在许可证上有体现。且审核相关文件及实地核查的力度，依然很严格。

11.3 环境保护局: 建设项目环境影响登记表(餐饮类)

1. → 什么是建设项目环境影响登记表，什么情况下需要办理？

答：环境影响评价是指对区域的开发活动（由于土地的利用方式改变等）给环境质量带来的影响进行评价，我们这里面提到的餐饮类报告表，则是指餐饮类公司在成立时，或者普通公司增加餐饮经营项目时，企业需要向环保部门递交的环境影响相关报告，在通过审核后，企业方可继续向食品药品监督管理部门，再进行餐饮类相关项目的审批，全部许可都取得后，才能正常经营。

2. → 是否需要取得营业执照后再办理建设项目环境影响登记表？

答：不需要，对于还未成立的企业，在名称核准通过后即可办理。

3. → 办理建设项目环境影响评登记表，是否需要实际办公地址，可否使用虚拟地址进行申报？

答：需要实际办公地址，不可使用虚拟地址进行申报。

4. → 办理建设项目环境影响登记表，对注册资本是否有要求？

答：目前没有此方面的要求，但也要符合能够正常经营的实际情况。

5. → 办理建设项目环境影响评登记表，对办公地址的位置、面积是否有特殊要求？

答：各地方政府部门要求不相同，通常要满足实际经营情况，大部分为商用店面或可以经营餐饮的商场。

6. → 办理建设项目环境影响登记表，是否需要实地核查？

答：《建设项目环境影响登记表备案管理办法》（环境保护部令第41号）第七条规定："建设项目环境影响登记表备案采用网上备案方式。对国家规定需要保密的建设项目，建设项目环境影响登记表备案采用纸质备案方式。"

第十二条规定："建设单位在线提交环境影响登记表后，网上备案系统自动生成备案编号和回执，该建设项目环境影响登记表备案即为完成。建设单位可以自行打印留存其填报的建设项目环境影响登记表及建设项目环境影响登记表备案回执。建设项目环境影响登记表备案回执是环境保护主管部门确认收到建设单位环境影响登记表的证明。"

第十七条规定："环境保护主管部门或者其他负有环境保护监督管理职责的部门可以采取抽查、根据举报进行检查等方式，对建设单位遵守本办法规定的情况开展监督检查。"

因此，办理建设项目环境影响登记表，通过网上备案即可，不进行实地核查，采取抽查及根据举报进行检查的方式，对建设项目进行监督检查。

7. → 企业变更地址了，是否需要重新办理建设项目环境影响评估报告表？

答：需要重新办理。

12. 知识产权及政府扶持资金

12.1　商标

1.→ 什么是集体商标？

答：《中华人民共和国商标法》第三条规定："本法所称集体商标，是指以团体、协会或者其他组织名义注册，供该组织成员在商事活动中使用，以表明使用者在该组织中的成员资格的标志。"

2.→ 什么是证明商标？

答：《中华人民共和国商标法》第三条规定："本法所称证明商标，是指由对某种商品或者服务具有监督能力的组织所控制，而由该组织以外的单位或者个人使用于其商品或者服务，用以证明该商品或者服务的原产地、原料、制造方法、质量或者其他特定品质的标志。"

3.→ 一家公司在北京的代表处，可以申请商标注册吗？

答：根据《中华人民共和国商标法》，注册商标包括商品商标、服务商标和集体商标、证明商标，"自然人、法人或者其他组织在生产经营活动中，对其商品或者服务需要取得商标专用权的，应当向商标局申请商标注册"，即申请商品商标或服务商标。集体商标和证明商标的定义请参见以上两个问题答案。

代表处不属于团体、协会、个人、法人以及组织，故不能以自己的名义申请商标注册。

4. → 什么是地理标志?

答:《中华人民共和国商标法》第十六条规定,地理标志是指"标示某商品来源于某地区,该商品的特定质量、信誉或者其他特征,主要由该地区的自然因素或者人文因素所决定的标志"。

5. → 什么形式可以作为商标进行商标申请注册?

答:《中华人民共和国商标法》第八条规定:"任何能够将自然人、法人或者其他组织的商品与他人的商品区别开的标志,包括文字、图形、字母、数字、三维标志、颜色组合和声音等,以及上述要素的组合,均可以作为商标申请注册。"

申请人应根据自己的实际情况确定需要注册的商标。申请注册的商标,应当有显著特征,便于识别,并不得与他人在先取得的合法权利相冲突。申请注册的商标,凡不符合商标法有关规定或者同他人在同一种商品或者类似商品上已经注册的或者初步审定的商标相同或者近似的,由商标局驳回申请,不予公告。

6. → 商标在展览会展出的商品上使用过,可以要求优先权吗?

答:《中华人民共和国商标法》第二十六条规定:"商标在中国政府主办的或者承认的国际展览会展出的商品上首次使用的,自该商品展出之日起六个月内,该商标的注册申请人可以享有优先权。"

7. → 若某申请人提交了 3 份商标注册申请,均是基于同一份优先权证明文件要求优先权,该申请人可以只提交一份优先权证明文件吗?

答:每一份商标注册申请均应附送一份优先权证明文件。

若申请人的3份商标注册申请均是基于同一份优先权证明文件要求优先权的，可以同时提交1份优先权证明文件原件及2份优先权证明文件的复印件。

8. → 什么是尼斯分类？

答：《商标注册用商品和服务国际分类》（尼斯分类）是根据1957年6月15日由尼斯外交会议达成的一项协定（尼斯协定）制定的。尼斯协定的每个成员国有义务在商标注册中使用尼斯分类，并须在与商标注册有关的官方文件和出版物中标明注册商标所及的商品或服务所在的国际分类的类别号。我国于1994年加入尼斯协定。

9. → 什么是《类似商品和服务区分表》？

答：《类似商品和服务区分表》是商标主管部门为了商标检索、审查、管理工作的需要，总结多年来的实践工作经验，并广泛征求各部门的意见，把某些存在特定联系、容易造成误认的商品或服务组合到一起，编制而成。《类似商品和服务区分表》可以作为商标审查人员、商标代理人和商标注册申请人判断类似商品或者服务的参考，也可以作为行政机关和司法机关在处理商标案件时判断类似商品或者服务的参考。

10. → 关于商品的分类原则都有哪些？在哪里可以查到？

答：《商标注册用商品和服务国际分类》（尼斯分类）中给出了商品和服务大致的分类原则，申请人可以查阅。一般来说，类别标题中所列的商品名称原则上构成这些商品大致所属范围的一般性名称。所以要确定每一种商品的分类，就得查看按字母顺序排列的分类表。世界知识产权组织对商品进行分类时，一般遵照下列原则，各国管理机关及申请人在遇到分类表上没有的商品项目，需要进行分类时，也可按照该标准划分：

（1）制成品原则上按其功能或用途进行分类。如果各类类别标题均未涉及某一制成品的功能或用途，该制成品就比照字母顺序分类表中其他的类似制成品分类。如果没有类似的，可以根据辅助标准进行分类，如按制成品的原材料或其操作方式进行分类。

（2）多功能的组合制成品（如钟和收音机的组合产品）可以分在与其各组成部分的功能或用途相应的所有类别里。如果各类类别标题均未涉及这些功能或用途，则可以采用第（1）条中所示的标准。

（3）原料、未加工品或半成品原则上按其组成的原材料进行分类。

（4）商品是构成其他产品的一部分，且该商品在正常情况下不能用于其他用途，则该商品原则上与其所构成的产品分在同一类。其他所有情况均按第（1）条中所示的标准进行分类。

（5）成品或非成品按其组成的原材料分类时，如果是由几种不同原材料制成，原则上按其主要原材料进行分类。

（6）用于盛放商品的专用容器，原则上与该商品分在同一类。

11. → 关于服务的分类原则都有哪些？在哪里可以查到？

答：《商标注册用商品和服务国际分类》（尼斯分类）中给出了商品和服务大致的分类原则，申请人可以查阅。一般来说，类别标题中所列的服务名称原则上构成这些服务大致所属范围的一般性名称。所以要确定每一种服务的分类，就得查看按字母顺序排列的分类表。世界知识产权组织对商品进行分类时，一般遵照下列原则，各国管理机关及申请人在遇到分类表上没有的商品项目，需要进行分类时，也可按照该标准划分：

（1）服务原则上按照服务类类别标题及其注释所列出的行业进行分类，若未列出，则可以比照字母顺序分类表中其他的类似服务分类。

（2）出租服务，原则上与通过出租物所实现的服务分在同一类别（如出租电话机，分在第38类）。租赁服务与出租服务相似，应采用相同的分类原则。但融资租赁是金融服务，分在第36类。

（3）提供建议、信息或咨询的服务原则上与提供服务所涉及的事物归于同一类别，如运输咨询（第39类）、商业管理咨询（第35类）、金融咨询（第36类）、美容咨询（第44类）。以电子方式（如电话、计算机）提供建议、信息或咨询不影响这种服务的分类。

（4）特许经营的服务原则上与特许人所提供的服务分在同一类别，如特许经营的商业建议（第35类）、特许经营的金融服务（第36类）、特许经营的法律服务（第45类）。

12. → 分类表中的项目是否存在包含或交叉关系？

答： 在《商标注册用商品和服务国际分类》（尼斯分类）中，虽然同一类别的各项目之间在概念上可能存在包含或者交叉的关系，但尼斯分类并不对项目概念进行界定。各类别项目表中所列的商品服务名称是为了表明不同商品服务的所属类别，以方便申请人在申报商标注册时进行分类参考。以第20类的项目"家具""金属家具"为例，由于在尼斯分类中有些商品是按照材质分类的，例如金属建筑材料属于第6类、非金属建筑材料属于第19类，但家具并不是按照材质分类的，各种材质的家具均属于第20类。为了明确表明金属制的家具也属于第20类，因此第20类项目中，除了"家具"，还有"金属家具"。

《类似商品和服务区分表》沿用了《商标注册用商品和服务国际分类》（尼斯分类）的体系。申请人可根据实际情况选择申报的项目名称。

13. → 区分表上没有要申报的商品或服务项目怎么办？

答：《类似商品和服务区分表》沿用了《商标注册用商品和服务国际分类》（尼斯分类）的体系，区分表中每一类别的标题原则上指出了归入该类的商品或服务的范围，各类的注释为确定商品和服务项目的类别提供了思路。对于没有列在分类表中的商品或者服务项目，申请人可以参照《类似商品和服务区分表》中每一类别的标题和注释，先确定申报类别；应按照分类原则，使用具体、准确、规范的名称进行填写，要避免使用含混不清、过于宽泛且不足以划分其类别或类似群的商品或服务项目名称。一方面，要注意商品或者服务项目名称本身要表述清晰、准确，符合一般公众的语言习惯和文字使用规则；另一方面，要注意足以与其他类别的商品或服务项目相区分，不应产生混淆和误认。

（1）例一：电脑行业中常用"笔记本"指代"笔记本电脑"，但这是一种不规范的简称，正常情况下"笔记本"是指纸质文具，属于第16类，在第9类申报应当申报"笔记本电脑"或"笔记本式计算机"。

（2）例二："电机"。电机是指产生和应用电能的机器，包括发电机和电动机。按照目前的分类原则，"发电机"属于第7类；而"电动机"分为"陆地车辆用电动机"和"非陆地车辆用电动机"，前者属于第12类、后者属于第7类。因此"电机""电动机"均属不规范的商品名称。

（3）例三："熟制品"。大多数的熟制品均属于第29类，但分别属于不同的类似群，如熟制猪肉属于2901类似群、熟制鱼属于2902类似群、熟制水果属于2904类似群、熟制蔬菜属于2905类似群等。因此"熟制品"属不规范的商品名称。

申请人在申报时应使用具体、准确、规范的商品名称。商标局会对申请人申报的商品名称进行审查，不规范的，发放补正通知书，要求申请人进行补正。

14. → 申请商标注册时，对于商标图样有什么要求？

　　答：申请商标注册时，须在申请书的指定位置打印或粘贴商标图样1张。以颜色组合或者着色图样申请商标注册的，应当提交着色图样，并提交黑白稿1份；不指定颜色的，应当提交黑白图样。

商标图样应当清晰，便于粘贴，用光洁耐用的纸张印制或者用照片代替，长和宽应当不大于10厘米，不小于5厘米。对于颜色组合商标和指定颜色的商标所需提供的黑白稿，应另行制版，制作一张清晰的黑白图样，不能简单地复印原图样。

以三维标志申请商标注册的，提交能够确定三维形状的图样，提交的商标图样应当至少包含三面视图。

以声音标志申请商标注册的，应当以五线谱或者简谱对申请用作商标的声音加以描述并附加文字说明；无法以五线谱或者简谱描述的，应当以文字加以描述；商标描述与声音样本应当一致。

15. → 若在一份申请书上同时申报了 3 个类别，但仅有一个类别的项目需要补正。如果补正不合格，对另外两个类别有影响吗？

答：有影响，商标局通知申请人予以补正，但申请人期满未补正的或者不按照要求进行补正的，商标局不予受理，该不予受理的决定是针对该件商标注册申请的3个类别同时作出的决定。若该件商标注册申请的另外2个类别办理分割，则这另外2个类别可以继续商标注册申请的流程。

12.2　高新认证

1. → 认定为高新技术企业需符合什么条件？

答：《高新技术企业认定管理办法》第十一条规定："认定为高新技术企业须同时满足以下条件：

（一）企业申请认定时须注册成立一年以上；

（二）企业通过自主研发、受让、受赠、并购等方式，获得对其主要产品（服务）在技术上发挥核心支持作用的知识产权的所有权；

（三）对企业主要产品（服务）发挥核心支持作用的技术属于《国家重点支持的高新技术领域》规定的范围；

（四）企业从事研发和相关技术创新活动的科技人员占企业当年职工总数的比例不低于10%；

（五）企业近三个会计年度（实际经营期不满三年的按实际经营时间计算，下同）的研究开发费用总额占同期销售收入总额的比例符合如下要求：

1. 最近一年销售收入小于5,000万元（含）的企业，比例不低于5%；

2. 最近一年销售收入在5,000万元至2亿元（含）的企业，比例不低于4%；

3. 最近一年销售收入在2亿元以上的企业，比例不低于3%。

其中，企业在中国境内发生的研究开发费用总额占全部研究开发费用总额的比例不低于60%；

（六）近一年高新技术产品（服务）收入占企业同期总收入的比例不低于60%；

（七）企业创新能力评价应达到相应要求；

（八）企业申请认定前一年内未发生重大安全、重大质量事故或严重环境违法行为。"

2. → **事业单位能否申请高新技术企业认定？对于行业领域是否有要求？**

答： 只要符合《高新技术企业认定管理办法》要求的单位均可以申请认定，包括事业单位。对于行业领域没有要求。

3. → **建筑行业企业申请高新技术企业，属于哪个技术领域？**

答： 无论从事何种行业的企业，只要符合《高新技术企业认定管理办法》的要求即可申请高新技术企业认定。申报时看企业主要产品（服务）发挥核心支持作用的技术属于《国家重点支持的高新技术领域》规定的范围中的哪一项，请根据自己企业情况查找。

4. → 企业对知识产权拥有 5 年以上独占许可权，是否可以申报认定高新技术企业？

答：不可以。新修订的《高新技术企业认定管理办法》取消了"5年以上独占许可"获得知识产权的方式。

5. → 2015 年(含)以前已获得认定的高新技术企业，2016 年(含)以后需要重新认定的，之前获得认定时已使用的知识产权是否还能继续使用？

答：根据《高新技术企业认定管理工作指引》的要求，"按Ⅱ类评价的知识产权在申请高新技术企业时，仅限使用一次"。因此，按Ⅰ类评价的知识产权无使用次数限制。

6. → 如果企业申请认定高新技术企业未成功，下一次申请时，使用过的Ⅱ类知识产权还能继续使用吗？

答：可以。

7. → 知识产权在第二次使用时，评分分值是否会与第一次使用有所不同？

答：知识产权的评分只会根据《高新技术企业认定管理工作指引》中规定的5项相关评价指标进行综合评价，不会因使用次数受到影响。

8. → 已获得高新技术企业证书并在有效期内的企业，其知识产权有效期发生变化，是否还算有效专利？

答：企业申请认定高新技术企业时，应保证所使用的知识产权有效期要能包含高新技术企业证书的3年有效期。如果在高新技术企业证书有效期内知识产权提前失效了，则不再属于有效专利。

9. → 企业同期总收入中是否包含营业外收入中的政府专项资金收入？

答：按照《高新技术企业认定管理工作指引》的要求，"总收入是指收入总额减去不征税收入"。收入总额根据《中华人民共和国企业所得税法》第六条规定的范畴计算，不征税收入根据《中华人民共和国企业所得税法》《中华人民共和国企业所得税实施条例》及《关于财政性资金等收入所得税政策问题的通知》（财税〔2008〕151号）和《关于专项用途财政性资金企业所得税处理问题的通知》（财税〔2011〕70号）的规定，由主管税务机关最终确定。如果政府专项资金收入符合不征税收入条件并由主管税务机关确认，则可不列入企业同期总收入；反之，则需列入。

10. → "兼职、临时聘用人员全年须在企业累计工作183天以上"的规定中，183天是指自然日，还是工作日？

答：自然日。

11. → 如果企业科技人员数月初为20人，月末为22人，其中2名是新进人员，那么在统计月平均人数时，是否能把这2名新进人员算进去？

答：首先应按照《高新技术企业认定管理工作指引》中对"科技人员"的定义判断2名新进人员是否符合统计要求，如果符合，则可以计入当月平均人数；反之，则不可计入。

12. → 临时聘用人员包含劳务派遣人员吗？

答：不包含。

13. → 失败的研发活动是否可以进行归集？

答：只要是研发活动，不管是否成功，都可以进行归集。

14. → 企业 2014 年研发费用资本化支出形成无形资产，在 2016 年申请高新技术企业认定时，能否计算入 2013—2015 年的研发费用投入？

答：研发费用资本化支出形成无形资产，可以根据会计准则制度按无形资产摊销费用计入研发费用。

15. → 技术诀窍是否能作为科技成果转化的依据？

答：不可以。

16. → "建立开放式的创新创业平台"具体是指什么？

答：指提供公共服务的平台，如众创空间、检验检测中心等公共服务平台。

17. → "与国内外研究开发机构开展多种形式的产学研合作"中的研究开发机构是否专指高校？企业是否可以成为产学研合作的对象？

答：研究开发机构不专指高校，也包含科研院所和企业等。

18. → 多个成果转化成一个产品或服务，能否算做多次转化？

答：几个成果转化的就计算为转化几次，但同一成果转化成不同产品或服务只能计算一次。

19. → 刚刚注册成立满一年的企业申请认定高新技术企业，成长性指标得分如何计算？

答：按0分计算。

20. → 企业近三年净资产和销售收入为负值，如何计算企业成长性指标？

答：负值按0计算。

21. → 查账征收和核定征收的企业是否都可以申报认定高新技术企业？

答：都可以。

12.3　政府扶持资金

1. → 互联网＋（大数据、云计算）可申请哪些类别支持？

答：（1）电子信息领域储备项目。

申报主体：在北京地区注册的，脑认知与类脑计算、第五代移动通信、虚拟现实、大数据、空天信息、网络安全、量子通信与量子计算等其他前沿技术及公共技术服务平台。

可获支持：①以2017年北京市科技计划项目（课题）直接补贴方式支持，经市科委按程序组织评价后，择优支持。②企业牵头申报的项目，申请市财政科技经费额度原则上不超过项目经费总预算的1/3；事业单位等其他机构牵头申报的项目，申请市财政科技经费额度原则上不超过项目经费总预算的1/2。

（2）高精尖产业银企对接项目。

申报主体：在北京市工商管理部门登记注册，为主要从事新能源智能汽车、集成电路、智能制造系统和服务、自主可控信息系统、云计算与大数据、新一代移动互联网、新一代健康诊疗与服务、通用航空与卫星等领域生产经营的企业。

可获支持：将推荐给相关战略合作银行，银行评估通过后以不高于基准利率的优惠利率给予企业贷款支持。

2.→ 智能机器人、3D打印等装备制造及虚拟现实（VR、动漫、游戏）领域可申请什么类别支持？

答：（1）装备制造领域储备项目。

申报主体：在北京市注册的，从事智能机器人，增材制造（3D打印），智能装备，其他重点行业高端装备研发、智能制造关键技术研究和示范应用的企业。

可获支持：以2017年北京市科技计划项目（课题）直接补贴方式支持，经市科委按程序组织评价后，择优支持。

（2）中关村智能硬件企业补贴资金。

申报主体：注册地在中关村示范区范围内的法人机构，自主研发至少一种智能硬件产品。智能硬件产品需具有可穿戴设备、智能家居、车载电子设备、智能出行工具、无人系统等消费级产品形态。

可获支持：按其在2015年1月1日至2017年12月31日期间，用于智能硬件产品研发所产生的设备购置、房租、研发投入等实际费用支出30%的比例，给予最高100万元的资金补贴。

3.→ 生物医药可申请什么类别支持？

答：高精尖产业发展重点支撑项目。

申报主体：申报项目（含联合申报项目）应为在建或拟于2019年上半年开工建设项目，在建项目开始时间应在2018年1月之后，原则上实施周期不超过3年，对有建筑工程的项目和GMP认证要求的医药项目可适当延长；平台、检测、节能环保项目固定资产投资应不低于500万元；其他项目固定资产投资不低于3000万元；联合申报项目固定资产投资不低于1亿元。

可获支持：股权投资按资金出资比例不超过被投资企业注册资本的30%；贷款贴息每个项目每年最高贴息额度不超过2000万元；拨款补助不超过项目固定资产投资的30%，最高补助金额不超过1000万元给予支持。

4. → 文化创意可申请什么类别支持？

答：（1）北京市文化创意产业发展专项资金企业项目。

申报主体：文艺演出类、新闻出版类、广播影视类、动漫网游类、文化会展类、设计服务类、艺术品交易类、广告产业类等其他文创产业项目类。

可获支持：项目采用奖励、贷款贴息、贴租和贴保四种方式进行支持。

（2）海淀区文化发展专项资金。

申报主体：具有独立法人资格，且在海淀区办理工商及税务注册、登记，并就其经营所得在海淀区纳税的企业。公益文化设施类、文化服务类、文艺创作类、产业发展类、文化活动类、文化研究类。

可获支持：补贴主要面向即将或正在实施、尚未完成的文化项目，以及申报市级或国家级文化项目的前期培育辅导等。支持额度根据项目投入、产生效益、重要性等因素综合研究确定，社会单位项目一般不超过项目总投资额的30%，区属部门项目根据具体情况研究确定。

奖励主要面向已经实施完成且取得良好社会或经济效益的文化项目。支持额度根据项目规模、产生效益、影响力与美誉度等因素综合研究确定。单个项目奖励额度一般不超过200万元。

13. 海外在岸公司

13.1　中国香港

◎ 设立

1. → 公司的名称是否能够使用中文?

答：公司名称是可以同时使用中文及英文的，并且没有要求中英文名称必须对照翻译。

2. → 公司的中/英文名称中是否能够使用"中国""中华""China"字样?

答：可以，香港公司注册时并未限制"中国""中华""China"等字样在名称中的使用，但如果香港公司追溯上去有中国境内企业持股，《境外投资管理办法》（商务部令2014年第3号）第二十一条规定，"企业对其投资的境外企业的冠名应当符合境内外法律法规和政策规定。未按国家有关规定获得批准的企业，其境外企业名称不得使用'中国''中华'等字样。"且香港公司中文名称必须以"有限公司"结尾，英文名称必须以"Limited"结尾。

3. → 公司的股权结构如何设定?

答：现行法律政策下，香港公司的股本额取消了原先的核准股本额10000港元的规定，改为实缴制，股本额最低金额为1港元。

4. → 公司的股东及董事人数限制是多少？

答：公司的股东人数限制最多50名，而公司董事则最少1名自然人，并且现行法律政策下也规定了只允许自然人作为公司的董事。

◎ 变更

5. → 公司变更时应该如何决定决议日？

答：香港公司变更时，决议日除需按照公司的实际情况确认外，也应考虑所变更事项应符合注册署备案期限的要求。

6. → 公司变更备案的期限有什么要求？

答：香港公司法规定香港公司的变更须按照具体的变更事项递交注册署或税务局进行备案。例如，香港公司董事变更备案须在决议日15天内，递交注册署备案。

7. → 公司的股东、董事变更之后，公司章程是否必须要做修订？

答：公司可以根据具体需要决定是否做章程修订或新公司章程备案，并非有强制性要求。

8. → 公司变更时，相关决议是否需要全体股东或全体董事签字？

答：建议全体股东或董事签字，避免后续可能存在的法律问题。若公司章程中有特别规定，应依照公司章程执行。

◎ 年检

9. → 公司年检的区间及期限是何时？

答：公司年检的日期为每年自公司成立的日期满12个月后

的42天内。

10. → 未经年检的公司会有什么后果？

　　答：如不按期参加年检，公司将处于停滞状态，无法进行任何变更、备案等活动，逾期过长后还会被香港注册处对公司提出起诉，届时除了支付所有拖欠的费用及罚金外，还需要承担法院堂费，公司的董事将会是此事的第一责任人。

⊚ 注销

11. → 公司的注销有几种方式？

　　答：（1）申请注销（Deregistration），这是相对比较简单、快速的解散公司方法。

　　先决条件：①公司有偿付债务的能力；②公司从未营业或在申请前3个月所有业务已停止，也不打算再开业；③公司已没有任何资产与负债；④所有股东同意申请注销；⑤所有周年报表已经备案；⑥税局发出"不反对注销"信函：在公司没有未尽的税务责任情况下税局才会发出信函确认。

　　后果：公司的董事或高级职员责任还存在。

　　流程：①公司起草决议与相关文件；②公司安排签字并付款；③向税局申请"不反对注销"信函（需时约1个月）；④向公司注册处申请注销；⑤政府刊登公告；⑥如3个月内没有收到反对，注册处发出通知，公司正式注销。

　　（2）解散（清算）（Dissolution），正式的关闭公司方法。

　　先决条件：公司有偿付债务的能力。

　　一般由公司委托香港会计师安排，需时数月。

12. → 公司除名后是否一定会有相关的凭证？

答：是的，完成公司注销所有流程后，注册处会发出正式的公司注销通知书。

◎ 信息查册

13. → 公司的信息应该如何查册？

答：公司基本信息可以在香港注册处网站付费查阅，或委托秘书公司代为查阅。

◎ 公证认证

14. → 公司的公证认证手续需要经哪些部门办理？

答：须由中国委托公证人及香港律师出具文件并得到中国司法部驻香港办事处批准后才能完成。

15. → 公司的公证文件及要求一般都有哪些？

答：一般公证文件为注册证书、商业登记证、法团成立表格（成立满12个月后还需要提供最新版本的法团表格），需时4~6个工作日。特殊要求文件，尤其是公司有多名董事情况下，公证内容加入公司决议时，公证人会要求公司全体董事到公证人面前面签决议。

◎ 审计报税

16. → 公司的审计报税机制是什么？

答：香港产生或来自香港的应评税利润需缴纳16.5％的

利得税。

17. → 如果公司没有员工并且没有实地运营是否只需要进行零申报即可？

答：香港公司无经营、无账户、无收入的情况下才能做零申报，其他情况均需要配合审计报告一同上交税局报税。

18. → 公司的审计报告中出现保留意见会有什么影响？

答：保留意见审计报告是指审计人员出具的对被审计单位会计报表的反映有所保留的审计意见的审计报告。这一般是由于某些事项的存在，使无保留意见的条件不完全具备，影响了被审计单位会计报表的合法、公允表达，因而审计人员对无保留意见加以修正，对影响事项发表保留意见，并表示对该意见负责。

REMINDER

关于香港公司报税审计的温馨提示

2016年开始，香港政府对于已经开立账户的香港公司审查逐渐严格，很多香港公司收到了银行的信件，要求补充材料，如提供财务报表和审计报告。在全球税务一体化、各项政策不断完善的大背景下，对已经开户的香港海外公司审查力度不断加大。因此，每年规范做账，出具审计报告，才能保证香港公司以及账户每年正常运营及使用。

香港是一个低税收经济区但非免税区，税制是以地域来源征收。目前香港公司于香港产生或来自香港的应评税利润需缴纳16.5％的利得税；而在香港以外获得的海外利润无须缴税，仅需向香港税局申请为离岸利得。

一、利得税申报

1. 香港公司无经营、无账户、无收入的情况下才能做零申报；

2. 香港公司无经营、有账户、无收入，但公司账户有资金往来的情况不应该做零申报，应正常审计。因为香港政府会例行抽查，如果抽查发现公司有账户、有资金往来，但没有做过审计，就会冻结该公司账户，造成不必要的麻烦。

3. 香港公司无经营、有账户、无收入，公司账户一直没有资金往来，建议做无运营审计报告（也称为"不活跃审计报告"）。

4. 如果香港公司有关联公司：代表处、子公司（如在国内设立了外资企业）、母公司等，不应该做零申报，而应该正常做账/审计。如果做了零申报，之后被香港税务署调查认定是有营业的，则会面临较高的罚金。

如果涉及不应该零申报的情况下要求转为正常做账\审计的话，需要从香港公司成立之日起开始补做账及审计。

二、不活跃审计报告

若香港公司没有开立过银行账户，或者即使开立了银行账户但没有资金往来，需要做无运营审计报告（也称为不活跃审计报告）。

三、做账中的代收代付

只能公司对公司之间代收代付，不能公司对个人。并且第一次代收代付后，以后很难转为其他记账方式。如果委托方在香港有雇员、有办公地点、与其他相关公司有合作等情况下，是不可以委托其他公司代收代付的。

四、正常做账/审计

需要客户提供会计资料，分为银行类、销售类、购货类及其他费用类等。公司账目可以由公司自己做，也可以由香港的注册会计师完成，但审计报告必须由香港的审计师来完成。

◎ 特殊牌照

19. → 香港证监会的1-9号牌照是什么？

答：《证券及期货条例》订明了9种类别的受规管活动，并就各类受规管活动加以定义：

第1类，证券交易；

第2类，期货合约交易；

第3类，杠杆式外汇交易；

第4类，就证券提供意见；

第5类，就期货合约提供意见；

第6类，就机构融资提供意见；

第7类，提供自动化交易服务；

第8类，提供证券保证金融资；

第9类，提供资产管理。

20. → **申请牌照是否需要实体地址？**

答：是的，申请此类金融牌照均需要使用实体办公地址。

◎ 商标

21. → **如何来确定商标的类别？**

答：请根据公司所涵盖的货品及服务确定商标类别，货品及服务均按照尼斯分类而分类，并且商标类别的内容是国际通用的。

22. → **商标的有效期限是多久？**

答：商标的有效期限为10年，此后可以申请延续。

13.2　新加坡

◎ 设立

1. → **公司的股权结构如何设定？**

答：新加坡公司实行股本实缴制，对于出资情况，每年的审计报告中会有具体的显现。

2. → 公司的任职董事有什么特殊要求？

答：新加坡公司的董事需要至少1名为当地人员或者持有新加坡长期签证的人员，注册代理均会提供有当地人员作为代理董事的服务。

◎ 变更

3. → 公司变更时应该如何决定决议日？

答：公司变更时，决议日除需按照公司的实际情况确认外，也应考虑所变更事项应符合注册署备案期限的要求。

4. → 公司的股东、董事变更之后，公司章程是否必须要做修订？

答：公司可以根据具体需要决定是否做章程修订或新公司章程备案，并非有强制性要求。

5. → 公司变更时，相关决议是否需要全体股东或全体董事签字？

答：建议全体股东或董事签字，避免后续可能存在的法律问题。若公司章程中有特别规定，应依照公司章程执行。

◎ 年检

6. → 公司年检的区间、期限及要求？

答：公司注册日期的每个周年日需要进行年检，并且年检时必须提交周年报表和经审计的公司账目才可以顺利完成。

7. → 如公司一直处于无运营状态，是否可以不进行年检？

答：不可以。新加坡税务局规定，在每个财务年度，新加坡私人有限公司必须向新加坡税务局申报公司税。公司税的缴纳是基于公司的财务年度的税前利润，而非营业额。新加坡私人有限责任公司的公司税税率为17%。

8. → 未经年检的公司会有什么后果？

答：公司不年审，将会收到政府的警告信，如不予以回复，公司将会被强制性注销，此外公司的法人等个人信用将会受到影响。

◎ 注销

9. → 公司的注销有几种方式？

答：新加坡公司的注销只有一种方式且必须符合以下条件：

（1）最后一期的财务报表显示，表明所有的负债已经清除。该公司迄今为止已没有资产或负债，并且迄今为止与其他公司也没有资产或负债，已经停止运作。

（2）全体股东和董事会同意书；

（3）该公司没有任何悬而未决的传票或罚款海内外法律纠纷；

（4）该公司没有任何资产和负债；

（5）该公司没有任何罚金和税金；

（6）该公司没有在其名下的任何抵押和贷款；

（7）该公司没有商业注册局的罚单。

10. → 公司进行注销时是否需要进行清算？

答：清算应在注销前完成，注销时并不需要经此流程。

11. → 如公司并未实地经营，无债权人是否仍然需要进行公告？

答：不需要企业自行操作，新加坡商业注册局会把注销通知直接刊登在政府公告中。

12. → 公司注销后是否一定会有相关的凭证？

答：是的，公司注销完成后新加坡商业注册局将发放正式注销日期的通知书。

◎ 信息查册

13. → 公司的信息应该如何查册？

答：新加坡公司的注册信息是在商业注册局官网公示的，可进行查册。

◎ 公证认证

14. → 公司的公证认证手续需要经哪些部门办理？

答：公证文件须由新加坡律师出具并得到当地公证人审批后才能完成。

15. → 公司的公证文件及要求一般都有哪些？

答：公证文件包括公司注册文件、公司信息常规表等公司文件。特殊要求文件，尤其公司有多名董事情况下，公证内容加入公司决议时公证人会要求公司全体董事到公证人面前面签决议。

◎ 审计报税

16. → 公司的审计报税机制是什么？

答：在新加坡注册的子公司，或者外国公司的分公司，无论是当地企业或非当地企业，都一律享有17%的公司税税率。

另外，在新加坡所供应的货品和服务以及所有进口新加坡的货品都必须缴付7%的消费税。

进口货物的应课税价值是根据货品到岸价格（成本、保险费加运费）外加佣金、其他杂费和所有应缴付关税来计算的。货品到岸价格（成本、保险费加运费）外加佣金、其他杂费和所有应缴付关税来计算的。

新加坡公司成立后18个月内，或现有公司财政年度内，需要做新加坡理账报税。每年一次。做账需要提交银行每月对账单及每笔业务的相关凭证或单据。新加坡消费税按季度申报，季度终了后的一个月内要完成申报。

纳税义务人也可向税务机关申请每1个月或每6个月申报一次。无论是每1个月申报还是每6个月申报，申报时间均为相关期间结束后的1个月内。

纳税人在财政年度结束后3个月内向税务机关报送预估应税收入表（ECI），即便纳税人没有应税收入，也要进行新加坡零申报，此为预申报；税务机关在每年3月会向纳税人寄送有编号的申报表C，纳税人收到申报表后，按照要求填好，通过电子申报或邮寄等方式报送给税务机关；税务机关会对纳税人报送的申报资料进行审核，并向纳税人寄出缴税通知书（Notice of Assessment），纳税人应在收到缴税通知后一个月内，通过银行转账等方式缴纳税款，否则税务机关会对欠缴的税款征收罚款。

17. → 公司的审计报告中出现保留意见会有什么影响？

答：如将来新加坡公司要向银行贷款、投资或融资，有保留意见审计报告可能会有很大的负面影响。

13.3 美国

◎ 设立

1. → 公司的名称是否能够使用中文？

答：不能，美国公司只能用英文。

2. → 公司的名称中是否能够使用一些特殊的结尾？

答：可以，有些州，如加利福尼亚州、特拉华州，可以用协会（association），科罗拉多州可以用基金会（foundation）、大学（university）来结尾，只是特殊公司结尾注册成本会高些。

3. → 公司的股权结构如何设定？

答：美国公司自然人、法人都可以作为股东，股权分配无要求。

4. → 公司的股东及董事人数限制是多少？

答：公司股东和董事人数没有限制。

5. → 公司形式常见的模式中 LLC 和 CORPORATION 的关键区别是什么？

答：LLC是有限责任公司，CORPORATION是股份有限公司，关键区别在于LLC后期不能上市，不可以发放股票，无董事职位，适合中小企业，注册时间较长；而CORPORATION是股份有限公司，有明确的董事职位，可以发放股票，公司后期可以上市。

◎ 变更

6. → 公司变更时应该如何决定决议日？

答：没有特别要求，无硬性要求需要决议日，签署变更文件即可。变更的实际生效日按照政府下发的变更证书日期为准。

7. → 公司变更备案的期限有什么要求？

答：政府备案期限并无明确要求，仅需签署变更文件后，及时递交政府备案。变更的实际生效日按照政府下发的变更证书日期为准。

8. → 公司的股东、董事变更之后，公司章程是否必须要做修订？

答：不强制需要。但公司章程中会显示股东和董事信息，建议公司的股东和董事变更后，做章程修订。

9. → 公司变更时，相关决议是否需要全体股东或全体董事签字？

答：根据具体的变更事项而定。若公司名称变更，只需要董事长的签字即可。

◎ 年检

10. → 公司年检的区间及期限是何时?

答:美国的大部分州是成立日起满周年的前一个月办理年审,如加利福尼亚州、科罗拉海州。而有些州则是固定的年检日期,例如,特拉华州普通公司 每年的3月1号之前办理年审,特拉华LLC公司是每年6月1号之前办理年审。佛罗里达州每年5月1号前办理,纽约州每满两周年办理年检。

11. → 如公司一直处于无运营状态是否可以不进行年检?

答:不可以。即使公司无运营,也必须每年年检,部分州的报税也要求必须办理,如加利福尼亚州、纽约州,不管是否是空壳公司,都必须要办理年审报税。

12. → 未经年检的公司会有什么后果?

答:如逾期不进行年检,公司将会被罚款,如长期不进行年审报税,公司将会自动注销,其后果是公司股东和董事将在3年内不再有资格成为公司法人,直至3年之后才可恢复正常。

◎ 注销

13. → 公司的注销有几种方式?

答:只有一种方式,美国公司注册后,如果不想再经营,可以选择公司注销,在州政府办理相关注销手续即可。

14. → 公司进行注销时是否需要进行清算?

答:只有部分州的注销需要清算,在其年审后需要清算才能注销,如特拉华州。

15. → 如公司并未实地经营，无债权人是否仍然需要进行公告？

答：不需要申请人操作，州政府会在宪报发布两次公告。在首份宪报布告刊登后，会有3个月提出对立的期限。处长如在该段时间未有收到对立，便会刊登第二份宪报布告，到时该公司即宣告闭幕。申请人会在吊销注册的流程结束及该公司闭幕之后接获通知。

16. → 公司在除名后对于其对应的银行账户是否有任何影响？

答：公司被除名，正常来说被注销公司理应与银行主动联系将账户注销，账户余额银行会以支票的方式寄给被注销公司。

17. → 公司除名后是否一定会有相关的凭证？

答：是的，注销完成后会有政府下发的注销证书。

◎ 信息查册

18. → 公司的信息应该如何查册？

答：在州政府官网输入公司名称或编号即可查询。官网上基本会显示公司名称、注册时间，以及代理人的信息，而部分州，如华盛顿州和内华达州只可以查询董事信息，无法查询股东信息。

◎ 公证认证

19. → 公司的公证认证手续需要经哪些部门办理？

答：公证认证手续需要逐级办理：公证员→县级→州务卿→联邦→大使馆，共五级认证，因各州要求不同，认证文件不同，所需认证等级也不同，一般的证书公证认证做三级即可，具体需一事一议。

◎ 审计报税

20. → 公司的审计报税机制是什么？

答：美国现行税制是以所得税为主体税种，辅以其他税种构成的。主要税种有个人所得税、公司所得税、社会保障税、销售税、财产税、遗产与赠与税等。美国税收由联邦政府、州政府和地方政府征收。

21. → 如果公司没有员工并且没有实地运营，是否只需要进行零申报即可？

答：如果公司只是在美国注册而并不在美国经营，并且没有与美国产生贸易往来，则无须做账和缴税，可以进行零申报。

13.4 加拿大

◎ 设立

1. → 公司的名称有什么特殊的要求？

答：公司名称要求以"INC""LTD.""PTY LIMITED"或"PTY. LTD."结尾。

2. → 公司的股权结构如何设定？

答：公司自然人，法人都可以作为股东，股权分配无要求。

股本额至少为10万加拿大元（无须验资），如注册联邦公司则需要提供当地人作担保，成本较高。

3. → 公司的股东及董事人数限制是多少？

答：公司股东和董事人数没有限制。

◎ *变更*

4. → 公司变更时应该如何决定决议日？

答：公司变更时，决议日除需按照公司的实际情况确认外，也应考虑所变更事项应符合注册署备案期限的要求。

5. → 公司的股东、董事变更之后，公司章程是否必须要做修订？

答：公司可以根据具体需要决定是否做章程修订或新公司章程备案，并非有强制性要求。

6. → 公司变更时，相关决议是否需要全体股东或全体董事签字？

答：建议全体股东或董事签字，避免后续可能存在的法律问题。若公司章程中有特别规定，应依照公司章程执行。

◎ *年检*

7. → 公司年检的区间及期限是何时？

答：公司成立日起满周年的前一个月办理年检。

8. → 如公司一直处于无运营状态，是否可以不进行年检？

答：加拿大公司每年都需要年审报税，如果连续两年不进行年检，BC Registry部门会直接关闭公司；连续三年不进行年检，公司就会被除名，将无法恢复。

◎ 审计报税

9. → 加拿大公司注册后是否每年必须向企业监管局（REGISTRAR OF COMPANIES）呈交财务报告？

答：是。注册公司必须每年向企业监管局公司注册主任呈交年报（ANNUAL REPORT）。年报内容很简单，须列明董事及职位持有人名称及住址。若某公司连续三年没有向公司注册处主任呈交年报，公司注册主任可以将该公司从名册上删除，而股东或董事要经过复杂的手续才能恢复公司。

13.5 澳大利亚

◎ 设立

1. → 公司的名称有什么要求？

答：公司名称通常以"Pty Ltd"或者"Pty Limited"（意思是"有限公司"）结尾。公司名称不能以"Bank"等特别意思的词结尾，除非获得澳大利亚相关政府部门批准。

2. → 公司的股权结构如何设定？

答：通常以一澳大利亚元一股的方式注册100股。注册资本无须验资。如设定超过1万股本，后期的转股将会涉及交易对价金额0.3%的厘印税。

3. → 公司的股东及董事人数限制是多少？

答：每家澳大利亚元公司都需要委任最少一个董事，其中一个董事须为常住在澳大利亚的人士，该董事无须是股东。澳大利亚公司最少一个股东，没有国籍限制，而且可以是法人团体，且股东和董事可以是同一个人。

◎ 变更

4. → 公司变更时应该如何决定决议日？

答：公司变更时，决议日除需按照公司的实际情况确认外，也应考虑所变更事项应符合注册署备案期限的要求。

5. → 公司的股东、董事变更之后，公司章程是否必须要做修订？

答：公司可以根据具体需要决定是否做章程修订或新公司章程备案，并非有强制性要求。

6. → 公司变更时，相关决议是否需要全体股东或全体董事签字？

答：建议全体股东或董事签字，避免后续可能存在的法律问题。若公司章程中有特别规定，应依照公司章程执行。

◎ 年检

7. → 公司年检的区间及期限是何时？

答：成立日起满周年的前一个月办理年检。

8. → 如公司一直处于无运营状态，是否可以不进行年检？

答：不可以。即使公司无运营，也必须每年年检。

9. → 未经年检的公司会有什么后果？

答：会影响到公司的状态，长期放置公司会被暂停，甚至除名。

13.6 英国

◎ 设立

1. → 公司的股权结构如何设定？

答：英国公司的标准设定股本额为80000英镑，分为80000股，每股为1英镑。无须验资、到位，但股本额高于80000英镑时则需另付总金额0.5%英镑的厘印费。

2. → 公司的股东及董事人数限制是多少？

答：英国公司需要委任最少一个董事，董事没有国籍限制；最少一个股东，股东没有国籍限制，可以是法人团体，且股东和董事可以是同一个人。

◎ 变更

3. → 公司变更时应该如何决定决议日？

答：公司变更时，决议日除需按照公司的实际情况确认外，也应考虑所变更事项应符合注册署备案期限的要求。

4. → 公司的股东、董事变更之后，公司章程是否必须要做修订？

答：公司可以根据具体需要决定是否做章程修订或新公司章程备案，并非有强制性要求。

5. → 公司变更时，相关决议是否需要全体股东或全体董事签字？

答：建议全体股东或董事签字，避免后续可能存在的法律问题。若公司章程中有特别规定，应依照公司章程执行。

◎ 年检

6. → 公司年检的区间及期限是何时？

答：公司的年检日期为每年自公司成立的日期满12个月办理即可，一般会由注册代理提前通知准备。

◎ 审计报税

7. → 公司的审计报税机制是什么？

答：英国政府征收英国公司所得税的年结日是每年的3月31日，公司税率由每年3～4月公布的财政预算决定。英国公司的标准税率是30%。然而如果利润少于1万英镑，税率为0；利润在1万～5万英镑，超过1万英镑的部分税率是23.75%；利润超过5万英镑但少于30万英镑，税率是19%（小型公司税率）。英国公司若在英国本地运营，只需缴纳营业税，若非本地运营的情况下，则无须缴纳。

8. → 如果公司没有员工并且没有实地运营，是否只需要进行零申报即可？

答：英国公司是需要先做账审计，根据其公司状况来判定是否可以进行零申报。

9. → 公司的审计报告中出现保留意见会有什么影响?

答: 如将来公司要向银行贷款、投资或融资, 有保留意见的审计报告可能会有很大的负面影响。

◎ 信息查册

10. → 公司的信息应该如何查册?

答: 一般在注册完成后的24小时内就可以在英国工商局网站上查到注册信息。英国工商局在英国时间早上7点到晚上12点提供网上免费查询服务。

13.7 德国

◎ 设立

1. → 公司的股权结构如何设定?

答: 根据德国公司法的相关规定, 成立有限责任公司的最低注册资本为25000欧元。设立有限责任公司如果不是投资人自己做法人代表, 则需要提供商业计划书。另外, 根据新的有限责任公司法, 可以设立所谓1欧元公司, 但是, 目前这种形式不大适合国内投资者在德国设立公司。

2. → 公司的注册资本是否需要实缴?

答: 德国公司的注册资本最低限额为25000欧元, 只有当注资额超过12500欧元时，才能办理商事登记注册，所以成立德国公司至少要实缴12,500欧元才可以成立公司。

3. → 公司的营业范围有什么限制？

答：德国公司的经营范围原则上并没有太大的限制。企业可经营任何性质的业务，如财务与投资、医疗保健、船务运输、进出口贸易、房地产、建筑、装饰装潢、信息网络、服装纺织、旅游、文化出版等。一些在国内比较难注册的公司在德国都可以得到注册。

◎ 变更

4. → 公司变更时应该如何决定决议日？

答：公司变更时，决议日除需按照公司的实际情况确认外，也应考虑所变更事项应符合注册署备案期限的要求。

5. → 公司的股东、董事变更之后，公司章程是否必须要做修订？

答：公司可以根据具体需要决定是否做章程修订或新公司章程备案，并非有强制性要求。

6. → 公司变更时，相关决议是否需要全体股东或全体董事签字？

答：建议全体股东或董事签字，避免后续可能存在的法律问题。若公司章程中有特别规定，应依照公司章程执行。

◎ 年检

7. → 公司年检的区间及期限是何时？

答：德国公司要求实际经营，每年必须做年审年报和做账审计，按照成立之日起每12个月进行一次年检。

◎ 审计报税

8. → 公司的审计报税机制是什么？

答： 德国是联邦制国家，其行政管理体制分联邦、州和地方（乡镇）三级。每一级行政管理有各自的职能和分工，为履行这些职能而产生的费用也由其承担。因此，德国纳税人所缴纳的税费并不统一划入联邦财政，而是实行分税制，即将全部税收划分为共享税和专享税两大类。共享税为联邦、州、地方三级政府或其中两级政府共有，并按一定规则和比例在各级政府之间进行分成;专享税则分别划归联邦、州或地方政府，作为其专有收入。

德国公司应每月如期报税（与国内相似），并且税务结构较为复杂，一般都会聘请有资质的税务师进行处理。因为在德国的公司要求有实际经营，因此，客户不方便在当地管理公司的，可以委托代理机构进行托管服务。

14. 海外离岸公司

14.1 英属维尔京群岛

◎ 设立

1. → 公司的名称是否能够使用中文?

答:可以,公司名称能够使用中文加英文,并且名称中添加中文后可以出具中英文对照版本的公司章程。

2. → 公司的股权结构如何设定?

答:公司的法定核准股数为50000股,作为控股公司使用时,在公司设立初期,建议发放小额股数,保证100%持股率即可。由于核准股数为50000股,超过此数字时将需要向政府申请额外股数,由此将会产生额外的费用,并且此公司将来的维护成本也会大幅提高。

3. → 公司的股东及董事人数限制是多少?

答:公司的股东及董事人数并没有限制,只是由于人数过多,一般秘书或代理公司会由于产生额外的工作量,而增加一些服务费用。

4. → 据了解,同为离岸注册地的塞舌尔、萨摩亚,从法律风险、公司股权结构等各方面与英属维尔京群岛极其相似,并且成本很低,为何不推荐到这些离岸注册地设立公司?

答:从法律风险、公司股权结构等各方面来对比,这些地方同为离岸注册地，确实差别不大，但是塞舌尔、萨摩亚这类注册地的法律服务机构较少，在提供法律服务时成本较为高昂，如赶上律师休假、公众假期等特殊情况，提供服务的时间将会大打折扣。例如，曾经有一客户案例，客户急需一份塞舌尔公司的法律意见书以用于境内IPO使用，当时负责该项目的塞舌尔律师休假，无法及时提供法律意见书，导致客户整体项目的延误。

5. → 有限合伙企业的普通合伙人是否可以由其他注册地的公司担任？

答：可以由其他注册地的公司作为普通合伙人，但是需要经过一系列的政府认证手续，时间流程较为烦琐。可以建议直接控股一家英属维尔京群岛公司（以下简称BVI公司）作为GP，可以加速项目进展。

◎ 变更

6. → 公司变更时应该如何决定决议日？

答：公司变更时，决议日除需按照公司的实际情况确认外，也应考虑所变更事项应符合注册署备案期限的要求。

7. → 公司变更备案的期限有什么要求？

答：BVI公司董事变更备案须在决议日30天内，BVI公司章程变更备案须在决议日15天内，递交注册署备案，否则会有罚金产生。

8. → 公司的股东、董事变更之后，公司章程是否必须要做修订？

答：公司可以根据具体需要决定是否做章程修订或新公司

章程备案，并非有强制性要求。

9. → 公司变更时，相关决议是否需要全体股东或全体董事签字？

答： 建议全体股东或董事签字，避免后续可能存在的法律问题。若公司章程中有特别规定，应依照公司章程执行。

◎ 年检

10. → 公司年检的区间及期限是何时？

答： 公司的年检时间分为上半年和下半年两个时段，注册日期为1~5月的公司需要在每年的4月31日之前完成年检，而注册日期为6~12月的公司需要在每年的11月30日之前完成年检。

11. → 未经年检的公司会有什么后果？

答： 公司逾期不参加年检会产生罚金，并且罚金成阶段性累计增加，直到年检期限满12个月后公司将会自动除名，如需要恢复公司则需要补回所拖欠的年检费用及相应的罚金。如果公司超过10年未进行管理，将被永久除名，无法恢复。

◎ 注销

12. → 公司进行注销时是否需要进行清算？

答： 需要。公司注销必须有一名清算官来签署清算文件报告，但并没有要求必须为专职的持有专业资质的清算官来办理，只要与公司的高管无亲属关系即可。

13. → 如公司并未实地经营，无债权人是否仍然需要进行公告？

答： 是的。公告需要由清算人在实际经营地的报纸上刊登公告信息。

14. → 公司除名后是否一定会有相关的凭证？

答：是的，公司除名后政府会颁发正式的注销证明。

◎ 信息查册

15. → 公司的信息应该如何查册？

答：由于公司信息的保密性，股东信息只有注册代理掌握，也不会对外进行公开，而公司基本信息可以通过政府付费查询。

◎ 公证认证

16. → 公司的公证认证手续需要经哪些部门办理？

答：公证文件须由当地律师出具，并得到当地最高法院审批后才能完成，而认证手续则需要到驻英国领事馆进行办理。

14.2　开曼群岛

◎ 设立

1. → 公司的中/英文名称中是否能够使用"中国""中华""China"字样？

答：可以，当地法律并不会限制，但如果开曼公司追溯上去有中国境内企业持股，《境外投资管理办法》（商务部令2014年第3号）第二十一条规定："企业对其投资的境外企业的冠名应当符合境内外法律法规和政策规定。未按国家有关规定获得批准的企业，其境外企业名称不得使用'中国''中华'等字样。"

2. → 公司的股权结构如何设定？

答：公司的授权股本额为50000美元，可以根据公司未来商业计划调整每股的票面值，以用来扩充或缩减公司的整体授权股数，如公司出现计划增加授权股本额超过50000美元以上的情况，会根据增加的金额增加政府备案及公司维护的成本。

3. → 公司成立时发放的第一股为何不是实际股东持有？

答：由于开曼法律规定，公司成立之时只允许当地居民或当地居民控股的公司作为股东，但是对于转股并没有这样的国籍限制，所以开曼公司的第一股都是由一级代理进行代持，并在同一时间将这一股转让给实际控制人，可以理解为这是当地政府为了保护注册代理人的利益而设定的注册方式。

4. → 有限合伙企业的普通合伙人及有限合伙人能否由同一名自然人／公司担任？

答：不能。但可以操作为一名自然人A成立一家开曼有限公司作为普通合伙人，同时这名自然人A可以作为有限合伙人。

5. → 通常以有限合伙企业的形式成立美元基金时，对于合伙人的出资比例有什么要求？

答：开曼的有限合伙企业对于普通合伙人与有限合伙人的出资比例没有要求及限制，只要搭建的基金商业模式被认为合理，普通合伙人的出资可以大于有限合伙人。

◎ 变更

6. → 公司变更时应该如何决定决议日？

答：公司变更时，决议日除需按照公司的实际情况确认外，也应考虑所变更事项应符合注册署备案期限的要求。

7. → 公司变更备案的期限有什么要求？

答：开曼公司更名、股票重新定义、章程变更备案须在决议日15天内，董事变更备案须在决议日60天内，递交注册署备案，否则会有罚金产生。

8. → 公司的股东、董事变更之后，公司章程是否必须要做修订？

答：公司可以根据具体需要决定是否做章程修订或新公司章程备案，并非有强制性要求。

9. → 公司变更时，相关决议是否需要全体股东或全体董事签字？

答：建议全体股东或董事签字，避免后续可能存在的法律问题。若公司章程中有特别规定，应依照公司章程执行。

10. → 公司的股权激励计划（ESOP）是否需要在政府层面进行备案？

答：公司预留ESOP在未实际行权时，仅需将决议文件递交海外一级代理处存档备案，无须更新股东名录。当实际行权时，应变更股东名录和股票证书，递交海外一级代理存档备案。

◎ 年检

11.→ 公司年检的区间及期限是何时？

答：开曼公司规定的年检期限为2月28日之前完成，否则将归为非良好存续状态，产生相应罚金，且无法进行备案及出具相关合规证明。

◎ 注销

12.→ 公司注销时是否需要进行清算？

答：公司的资产及负债为零时，可以在注销时不进行清算，即在由董事承诺公司的资产及负债为零的前提下进行主动除名的操作；公司的资产及负债不为零时，则需要进行清算，即聘请有资质的持牌清算人出具清算报告进行注销。

13.→ 公司除名后是否一定会有相关的凭证？

答：是的，公司完成除名后会由政府出具正式的证书。

◎ 信息查册

14.→ 公司的信息应该如何查册？

答：由于公司信息的保密性，股东信息只有注册代理掌握，也不会对外进行公开，而公司基本信息可以通过政府付费查询。

◎ 公证认证

15.→ 公司的公证认证手续需要经哪些部门办理？

答：公证文件须由开曼律师出具并得到当地公证人审批后

才能完成，认证程序是将公证文件提交给驻英国的领事馆办理。

14.3　塞舌尔群岛

◎ 设立

1. → 公司的股权结构如何设定？

答：公司可以自行设定股本额，很多做贸易的客户喜欢使用塞舌尔公司也是这个原因，股本额可以设立的很大，并且没有实缴的要求。

2. → 公司的股东及董事人数限制是多少？

答：公司并没有股东和董事人数的限制。

◎ 变更

3. → 公司变更时应该如何决定决议日？

答：公司变更时，决议日除需按照公司的实际情况确认外，也应考虑所变更事项应符合注册署备案期限的要求。

4. → 公司的股东、董事变更之后，公司章程是否必须要做修订？

答：公司可以根据具体需要决定是否做章程修订或新公司章程备案，并非有强制性要求。

5. → 公司变更时，相关决议是否需要全体股东或全体董事签字？

答：建议全体股东或董事签字，避免后续可能存在的法律问题。若公司章程中有特别规定，应依照公司章程执行。

◎ 年检

6. → 公司年检的区间及期限是何时？

答： 公司成立之日起满12个月需要参加年检。

7. → 未经年检的公司会有什么后果？

答： 根据塞舌尔当地政府法律规定，公司必须于该年12月31日前签署一份年度报告，如果在该年没有向当地政府备案年度报告，将被视作不符合规定，日后申报美国FSA预计将征收每天100美元的罚金，再加上美国对每个董事和股东违规期间的罚金为25美元。如没有任何支付FSA罚金的合规付款证明，注册代理将无法安排公司年检及公司恢复，可以视作永久放弃公司。

◎ 注销

8. → 公司的注销有几种方式？

答： 塞舌尔公司注销方式有两种，一种是主动注销，一种是自动注销。

主动注销：公司注册人主动向塞舌尔公司注册处提出申请，撤销公司，同时按照塞舌尔公司注册处的要求缴纳相关政府费用，从而获得"不反对撤销注册通知书"。在主动注销塞舌尔公司之前，须缴清所有欠税及商业登记费，否则无法主动注销。

自动注销：塞舌尔公司可以选择自动注销，只要塞舌尔公司年检满周年后不缴纳政府牌照费，延期3～6个月后，塞舌尔政府就会自动撤销该公司，不需要再做撤销手续。

这里需要特别注意的是，塞舌尔公司被自动注销后，仍有可能恢复，则原来的董事和股东仍然要承担原有的责任，而此情况下的代价则会更高。自动注销看上去是一种很省钱的除名方式，但若公司债务不清，公司的董事和股东会被追究相关责任。但主动注销会进行公司清算，签署法定注销文件，然后进行公告，如无人有异议，才注销完成，后期若有人再追述也不会被追究相关责任。部分塞舌尔公司年检到期不按时续牌管理，所开立银行账号却还在使用，这种情况很危险，因为公司的主体已不存在而账号却在继续使用，资金安全无法保证，银行随时都可能冻结公司账户。

9. → 公司除名后是否一定会有相关的凭证？

答： 如公司放弃年检自动注销则不会有任何的凭证，而主动申请注销手续的公司，注册署会签发"不反对撤销注册通知书"。